もう悩まない！
逆引きで経営の戦略・戦術がわかる本

戦略経営コンサルタント
丹羽 哲夫

中経出版

はじめに

　私が書いた著書の読者・セミナー受講者の方から、「戦略・戦術理論の解説書はあるが、ビジネス上での問題・悩みを解決できる理論が見つけられる本がない」と言われることがたびたびありました。

　なるほど、たしかにないなと納得させられた著者は、経営上よくある具体的な問題・悩みを取り上げ、その解決に役立つ本を書くことにしました。それが、本書です。

　本書では、戦略と戦術を分けて考えています。戦略は、将来に実現したい企業像・事業のあり方と現実とのギャップ（格差）を埋める道筋（道筋を見つける手法も含む）です。

　戦術は、この道筋を効果的に実行するための手段（主要な手法も含む）です。多くの方の問題・悩みを解決するには、効果的な戦略と戦術を選択することが重要になります。

　タイトルにあるように、本書は「逆引き」の構成になっています。おおまかには、第Ⅰ部が会社（全社グループ）全体の問題・悩み、第Ⅱ部が事業部門・機能部門の問題・悩みとで分けました。

　巻末には、読者が自分の会社・部門の問題・悩みに活用できるワークシートをすべての項目分、掲載し、詳しく紹介しきれなかった「戦略・戦術一覧表」も付けています。

　そして最後に、本書の重要事項をどれだけ理解しているかが確認できる「重要事項の自己確認リスト」を付けました。

本書の構成上、次のように利用していただくと便利です（3ページ参照）。

　まず、あなたが抱える問題・悩みをいくつかメモに書いてみてください。その中で、重要な悩み・問題に印を付けます。印を付けた問題・悩みが、目次にある項目のどれに該当するかを確認して、該当するものがあれば、その項目のページを開いてください。

　ページを開いたら、①であなたの問題・悩みが本当に該当するかを確認します。確認できたら、②「問題を解決する戦略・戦術」、③「理論の利点と欠点」と読みすすみ、④「使いこなし方」を熟読してください。ここまで理解したら、⑤「ワークシートの書き方」で具体的に理解し、最後に⑤を参考にしながら巻末のワークシートに記入すれば、理論の意味が理解できるはずです。この記入の過程で、みなさんが多くの解決策やヒントをえられると、著者は確信しています。

　もし、印を付けた問題・悩みが目次になければ、234ページの「本書で未紹介の戦略・戦術一覧表」から見つけてください。そこに掲載した参考図書を、別途、読んでいただくと、実効ある解決策とそのヒントがえられます。なお、参考図書を読むときも、本書の項目順にしたがって読みすすめると理解しやすいはずです。とくに、利点・欠点と使いこなし方に十分に注意して読むことをおすすめします。

2008年6月　　　　　　　　　　　　　　　　丹羽　哲夫

本書の使い方

〈ステップ1〉

- 自社の問題・悩みを列挙する
- 次に、重要な問題・悩みに○印を付ける

〈ステップ2〉

- 本書の目次の中に、ステップ1で○印の付いた重要な問題・悩みがあるかどうか探す

あり

〈ステップ3〉

① 「問題や悩みのポイント」のページで、押さえるべき原因を確認する

② 「問題を解決する戦略・戦術」のページで、どんな理論なのか、概要を理解する

③ 「理論の利点と欠点」のページで、理論が有効な範囲を知り、注意すべき欠点も事前に把握する

④ 「使いこなし方」のページで、実際に適用していく手順を簡潔に知る

⑤ 「ワークシートの書き方」で、具体的な利用法を知る

⑥ 巻末のワークシートで、実際に自分の問題・悩みで使ってみる

なし

〈ステップ4〉

問題・悩みが目次になければ、巻末資料の「本書で未紹介の戦略・戦術一覧表」にあるか探す。あれば、記載された参考文献を読む

はじめに

全体図解 問題・悩みの種類と

全社(グループ)の問題・悩み

第Ⅰ部

第1章 実効ある戦略・戦術のつくり方

1. 会社が大きくなると、どんな問題がでてくるのか？
  ——［会社の成長段階と問題］
2. 外部環境の変化をチャンスに変えられないか？
  ——［SWOT分析］
3. どうしたらライバルを逆転できるのか？
  ——［チャンレンジャーの戦略］［戦力の集中］
4. 事業をどう組み換えたら成長できるのか？
  ——［ポートフォリオ］［ファイブ・フォース］
5. ライバルに戦いをあきらめさせたい
  ——［戦う前に勝つ］［総力戦］
6. どんな相手と手を組めばよいのか？
  ——［合従連衡の策］［相互学習サイクル］
7. リスクの種類を知りたい
  ——［リスクマネジメントと業務継続計画］

戦略の策定

戦略の実行

第2章 戦略・戦術を生かす推進体制の整備法

8. 合理的に決めたい
  ——［ディシジョンツリー］［グループシンクの回避］
9. 人がなかなか育たない
  ——［成長を促す仕組み］［従業員満足度］
10. 戦略を全員に徹底させたい
  ——［バランス・スコアカード］

参考になる戦略・戦術

部門の問題・悩み

事業部門（ライン部門）

1. 事業不振の原因がつかめない
   ──［事業の3定義と現実とのズレ］
2. 既存事業を甦らせたい
   ──［デコンストラクション］［ビジネスモデル］
3. 成功する新規事業を確実に選びたい
   ──［成長マトリックスとシナジー］
4. 製品や仕組みを大きく改革したい
   ──［5つのイノベーション（創造的破壊）］
5. 独創的な製品・サービスをつくりたい
   ──［ブルー・オーシャン戦略］
6. 主販売地域でライバルに勝ちたい
   ──［ランチェスターの法則］
7. 相手の打つ手を読んで大きな売上・利益を得たい
   ──［囚人のジレンマ（ゲーム理論）］
8. インターネットで売上を伸ばしたい
   ──［ABC分析］［ロングテール戦略］
9. 自社の組織の強みを生かしたい
   ──［組織能力］［能力構築力］

第Ⅱ部 第1章 部門の競争力・収益力を高める法

機能部門（スタッフ部門）

10. 大幅に製品コストを引き下げたい
    ──［VE(バリュー・エンジニアリング:価値工学)］
11. 在庫も欠品もゼロで生産したい
    ──［TOC］［カンバンシステム］
12. 多品種少量生産を柔軟に低コストでできないか？
    ──［セル生産方式］
13. 情報を読み取る力を高めたい
    ──［情報リテラシー］［見える化］

第2章 組織の機能を強化する戦略戦術

役割分担

もう悩まない！
逆引きで経営の戦略・戦術がわかる本

はじめに …………………………………………………………………… 1
全体図解：問題・悩みの種類と参考になる戦略・戦術 ………………… 4

第Ⅰ部 会社全体の問題や悩みを解決する戦略・戦術

第1章 実効ある戦略・戦術のつくり方

1 会社が大きくなると、どんな問題が出てくるのか？ … 16
【会社の成長段階と問題】アルフレッド・D・チャンドラー
企業の発展が新たな問題を生むと悩むとき、成長段階ごとの問題が明確になるこの理論を使えば、企業の発展段階に応じた策が練られます。

2 外部環境の変化をチャンスに変えられないか？ ……… 24
【SWOT分析】アルバート・ハンフリー
激動の外部環境にどう適応するか悩むとき、強みの生かし方がシンプルに導き出せるSWOT分析を活用すれば、最適な方向性が導き出せます。

3 どうしたらライバルを逆転できるのか？ ……………… 32
【チャレンジャーの戦略】コトラー
【戦力の集中】クラウゼヴィッツ
ライバルに勝って自社を成長させたいとき、差別化戦略でシェア逆転が狙えるのが、チャレンジャーの戦略と戦力の集中です。ライバルの市場を細分化して、ドル箱を攻略できます。

4 事業をどう組み換えたら成長できるのか？ …………… 40
【ポートフォリオ】ボストン・コンサルティング・グループ
【ファイブ・フォース】マイケル・ポーター

どの事業を捨て、どこに参入するか悩むとき、ポートフォリオとファイブ・フォースを使えば、捨てる事業とオイシイ事業が一目でわかります。

5 ライバルに戦いをあきらめさせたい……48
【戦う前に勝つ】孫子
【総力戦】リデル・ハート

ライバルとの競争で業績が悪化しているなら、強みをアピールすることで戦わずに勝てる、孫子とリデル・ハートの理論が有効です。ライバル攻略のシナリオが描けるだけの強みを見つけるのがポイントです。

6 どんな相手と手を組めばよいのか？……56
【合従連衡の策】蘇秦・張儀
【相互学習サイクル】藤本隆宏

企業体力のカンフル剤「提携・合併」はリスクが高いという悩みには、状況次第で手の組み方を変えられる合従連衡と相互学習サイクルを組み合わせて使うのが有効です。提携・合併後は、見直し続けるのが成功の秘訣です。

7 リスクの種類を知りたい……64
【リスクマネジメントと業務継続計画】
アメリカの連邦準備制度理事会など

あまりに多くて、どのリスクに対応すればいいのかわからないときは、体系的にリスク管理ができるこの理論を利用するのが最適です。実施するときは、推進部門の長に上級職をおく必要があります。

戦略・戦術のサプリメント① 世界最古の戦略理論は？……72

第2章 戦略・戦術を生かす推進体制の整備法

8 合理的に決めたい……74
【ディシジョンツリー】エイブラハム・ワルド
【グループシンクの回避】アービング・L・ジャニス

合理的に決定する方法が確立できていないことで困っていたら、経営上の意思決定のほとんどに利用できるディシジョンツ

リーとグループシンクの回避で解決が可能です。利用するときには、客観的な第三者を登用します。

9 人がなかなか育たない　82
【成長を促す仕組み】マズロー
【従業員満足度】サウスウェスト航空

会社の全員が満足する成果主義にできないと悩むなら、スタッフの成長促進にも使えるマズローの欲求5段階を応用したサウスウェスト航空の手法が有効です。成功させるには、定期点検と長期的取組みが不可欠です。

10 戦略を全員に徹底させたい　90
【バランス・スコアカード】ロバート・キャプランとデビッド・ノートン

戦略がスタッフまで行き届かず実行が担保されないとき、コミュニケーションで下までブレイクダウンするバランス・スコアカードが最適です。上司とスタッフで話し合いながら、目標や計画を決めていきます。

戦略・戦術のサプリメント② 「日本人は戦略が苦手」なワケ　98

第Ⅱ部　部門の問題や悩みを解決する戦略・戦術

第1章　部門の競争力・収益力を高める法

1 事業不振の原因がつかめない　102
【事業の3定義と現実とのズレ】ピーター・F・ドラッカー

不振の原因の見つけ方がわからないと悩むなら、事業の3定義に生じたズレでその原因を見つける、ピーター・F・ドラッカーの理論が活用できます。利用するときは、耳の痛い現実でも正確に記述することが重要です。

2 既存事業を甦らせたい　110

【デコンストラクション】ボストン・コンサルティング・グループ
【ビジネスモデル】ステートストリートバンク判決

小手先の改善では既存事業が活性化しないときは、解体・再構築と仕組みの変更で抜本的な解決が期待できるデコンストラクションとビジネスモデルが使えます。事業コンセプトの見直しでは、付加価値を工夫する必要があります。

3 成功する新規事業を確実に選びたい ……………… 118
【成長マトリックスとシナジー】H・イゴール・アンゾフ

新規事業選びで成功したいなら、成長マトリックスとシナジーで成功の確率がアップします。事業化計画案は、最低でも30案は出すことがポイントです。

4 製品や仕組みを大きく改革したい ……………… 126
【5つのイノベーション（創造的破壊）】ヨーゼフ・A・シュンペーター

イノベーションを起こして自社を大きくしたいときは、5つの方法で新たな価値を生むシュンペーターの戦略が有効です。活用するとき、モニターから意見を引き出すと大きなメリットになります。

5 独創的な製品・サービスをつくりたい ……………… 134
【ブルー・オーシャン戦略】W・チャン・キムとR・モボルニュ

自社にしかつくれないものを見つけたいなら、競争を無意味化するブルー・オーシャン戦略を利用します。この戦略を使うときは、4つのアクションと組織の4ハードルに留意することが大切です。

6 主販売地域でライバルに勝ちたい ……………… 142
【ランチェスターの法則】F・W・ランチェスターと田岡信夫他

主戦場でライバルのシェアを奪えないかと悩むときは、状況で戦略を変えてシェア逆転が狙えるランチェスターの法則を使います。逆転のためには、勝てそうな市場に経営資源を重点配分します。

7 相手の打つ手を読んで大きな売上・利益を得たい … 150
【囚人のジレンマ（ゲーム理論）】ジョン・F・ナッシュ

ライバルの先手を打って打撃を与えたいときは、ナッシュ均衡を打破してチャンスをつくる囚人のジレンマというゲーム理論が有効です。利用の際には、自社だと甘くなりがちな判断を第三者にまかせることが大切です。

8 インターネットで売上を伸ばしたい ……………… 158
【ABC分析】ヴィルフレド・パレート
【ロングテール戦略】クリス・アンダーソン

重点販売で効率を高めたいなら、ABC分析とロングテール戦略で求める商品がすぐにわかります。ただし、在庫の負担率はメーカーと取り決めておくことが重要です。

9 自社の組織の強みを生かしたい ……………… 166
【組織能力】ジェイ・B・バーニー
【能力構築力】藤本隆宏

自社の強みが何かわからないというなら、自社の組織能力を発見・発展できる組織能力と能力構築力を活用します。ここでのポイントは、経営方針やその行動方針を長期的に維持することです。

（戦略・戦術のサプリメント③）　計画は予想ではなく仮説 …………… 174

第2章 組織の機能を強化する戦略・戦術

10 大幅に製品コストを引き下げたい ……………… 176
【VE（バリュー・エンジニアリング：価値工学）】
ローレンス・D・マイルズ

品質を保って大幅なコストダウンをしたいときは、系統的にコスト低減と価値の向上がはかれるVEが有効です。効果のほどは、実際にやってみてはじめてわかります。

11 在庫も欠品もゼロで生産したい ……………… 184
【TOC】エリヤフ・ゴールドラット
【カンバンシステム】大野耐一

在庫も欠品もなくしたいという場合、生産スピードを速め、在

庫ゼロで欠品を防ぐTOCとカンバンシステムが使えます。利用に当たっては、まず、制約条件を発見して改善することからはじめます。

12 多品種少量生産を柔軟に低コストでできないか？ … 192
【セル生産方式】山田日登志

多品種少量化にうまく対応したいなら、日本人の器用さを生かしてそれを実現するセル生産方式が最適です。成功のカギは、モデルセルも含めて周到な準備をすることにあります。

13 情報を読み取る力を高めたい … 200
【情報リテラシー】アメリカ図書館協会
【見える化】遠藤功

情報がありすぎて使えないと困っているなら、情報リテラシーと見える化で情報共有化がすすみ、問題解決能力を高めることができます。この理論を使いこなすには、見えた問題の原因を解明して必要な対策を打つことです。

（戦略・戦術のサプリメント④） 自社の実力は挑戦してこそわかる … 208

巻末資料　ワークシート・参考資料

〔資料1〕ワークシート …………………………………………… 211
〔資料2〕本書で未紹介の戦略・戦術一覧表 ………………… 234
〔資料3〕索引 …………………………………………………… 239

折込みシート　重要事項の自己確認リスト

[本書のネット書籍サービス活用について]

　本書籍はネットサービス対応になっています。

　ダウンロード マークがついているシートはご自分のパソコンからダウンロードできますので、ご活用ください。戦略・戦術を具体的に進めるうえでやるべきこと、問題点が浮き彫りになります。ネット書籍サービスの詳細については最終ページをご覧ください。

本書の読み方

〈企業の問題・悩みを解決する理論が一目で探せる〉

❶ 代表的な問題・悩み
23項目にわたって、問題・悩みを分類しています

1 会社が大きくなると、どんな問題が出てくるのか？

検 索

● 会社の成長段階と問題
アルフレッド・D・チャンドラー

Alfred D. Chandler (1918—2007)：アメリカの経営史を専門とするハーバード大学教授です。著書の『経営戦略と組織』(1967年刊) は有名です。

[適用業種] 全業種　　[おすすめ度] ★★★

1 問題や悩みのポイント
企業の発展が新たな問題を生む

「売上は伸びているが、次々と新しい問題が出てきて困る」と、あなたは悩んでいませんか。

ここで重要なのは、企業の成長段階とともに、これまで体験したことがなかった問題・悩みが出てくることです。未体験の問題を解決するためには、何を手掛かりとして取り組んでいけばよいのかを知りたい人がたくさんいます。

❷ 問題・悩みの解決に役立つ理論とその提唱者名

❸ ①の問題・悩みを抱えがちな業種（どの業種に効果的か）
・全業種
・メーカー
・流通（卸・小売）
・サービス
・情報関連

❸ 提唱者の紹介
略歴と代表著書を紹介します

❹ 効用の高さによる推奨度
★★★＝ぜひ取り組みましょう
★★☆＝やるとよいでしょう
★☆☆＝比較的取り組みやすい

12

第 I 部

会社全体の問題や悩みを解決する戦略・戦術

経営の問題・悩みには、大きさがあります。第Ⅰ部では、グループ・会社全体という大きな枠組みでの問題・悩みについて取り上げました。
　第1章では、実効ある戦略をつくるうえでの問題・悩みについて、第2章では戦略を実行していく推進体制に関する問題・悩みについてまとめています。

第1章
実効ある戦略・戦術のつくり方

1. 会社が大きくなると、どんな問題が出てくるのか？
2. 外部環境の変化をチャンスに変えられないか？
3. どうしたらライバルを逆転できるのか？
4. 事業をどう組み換えたら成長できるのか？
5. ライバルに戦いをあきらめさせたい
6. どんな相手と手を組めばよいのか？
7. リスクの種類を知りたい

1 会社が大きくなると、どんな問題が出てくるのか？

検索

➡ **会社の成長段階と問題**
アルフレッド・D・チャンドラー

Alfred D. Chandler（1918—2007）：アメリカの経営史を専門とするハーバード大学教授です。著書の『経営戦略と組織』（1967年刊）は有名です。

［適用業種］**全業種**　　［おすすめ度］★★★

1 問題や悩みのポイント

企業の発展が新たな問題を生む

「売上は伸びているが、次々と新しい問題が出てきて困る」と、あなたは悩んでいませんか。

ここで重要なのは、企業の成長とともに、これまで体験したことがなかった問題・悩みが出てくることです。未体験の問題を解決するためには、何を手掛かりとして取り組んでいけばよいのかを知りたい人がたくさんいます。

また、「売上は伸びているのに、組織がギクシャクしている」「他部門が何をしているのかがわからない」といった、部門内・部門間にわたる問題を指摘する声が聞こえるようになった組織でも、同じ問題や悩みを抱いているものです。こうした問題や悩みは、原因が把握しにくいという点でも共通しています。

2 問題を解決する戦略・戦術

成長段階ごとの問題が明確になる理論

　この問題を解決するのに役立つ戦略理論は、アルフレッド・D・チャンドラーの企業発展パターンです。成長する段階を4つに分けて、段階ごとに必ず起こる最優先の経営課題を明確にしています（19ページ参照）。

　成長の段階は、量的拡大・地域拡張・垂直統合・多角化の4つになります。

- Ⅰ **量的拡大**　単一事業（例　菓子だけ）を展開し、販売地域も特定（例　関東だけ）される企業です。地方の小・中規模の企業やベンチャー企業などが該当します。
- Ⅱ **地域拡張**　単一事業でも、販売地域を広げて他地域（関東の企業なら関西地区や中国など）に進出している企業です。たとえば、土産物販売会社が、隣接地域に出店することなどがこの段階に当たります。
- Ⅲ **垂直統合**　現事業の川上（メーカーなら素材メーカー）にまたは川下（卸売会社なら小売業）に参入した段階です。川上の利益を取り込むために統合したり、販路を確保して価格を維持し、さらに顧客ニーズを吸いあげることで商品開発力を強化しようと川下に参入したりする企業もあります。
- Ⅳ **多角化**　本業とは違う事業に参入し、複数の事業を展開した段階です。本業の低迷や成長鈍化で、新たな売上・収益源を確保するために行ないます。多角化が成功するかどうかは、大企業へと成長できるかどうかを左右します。

3 理論の利点と欠点

背景は古いが次の課題は予測できる

　この理論はアメリカ企業、しかも、製造業が中心だった1950年までを対象にしています。時代背景が古いことから、現在の企業と比較して、成長スピードに大きな違いがあります。また、最近の日本企業の事例研究や、サービス業・情報関連業などが取り入れられていません。

　しかし、小企業が中・大企業へと規模を大きくしていくパターンは、どの企業でも基本的に同じです。成長の仕方は、企業の設立後、次第に売上規模を拡大し、販売地域を広げていくというパターンになります。

　売上規模の増大に合わせて、川上や川下の収益を取り込む垂直統合をめざす企業も多くなります。最終的に、売上・収益の柱となる事業をいくつも展開し、企業規模を拡大していくというパターンは、企業のサクセスストーリーでもあるからです。

　この理論の利点は、企業の成長段階ごとに次の経営課題が何かを予測できることです。量的拡大では、管理部門の整備が求められます。地域拡張では、地域ごとにできる事業所の運営管理を統合していくことが大切です。垂直統合では、各職能が確立し、全体として職能別組織を確立していくことが大切になります。多角化では、事業部制を導入し、円滑に運営管理していくことが重要です。

　経営課題が予測できるこの利点に着目し、欠点を補いながら、自社の経営課題とその解決策を見ていきます。

企業発展段階ごとに見える経営課題

企業発展パターン

発展 ↑

Ⅳ 多角化
現在の取扱製品系列と異なる製品系列に参入していく段階

 事業部制組織の導入

Ⅲ 垂直統合
開発・生産・販売を自前で行ない、連係して役割を発揮させていく段階

 開発・生産などの職能を統合する職能別組織の確立

Ⅱ 地域拡張
販売するエリアが拡がり、生産拠点も国内外に増えていく段階

 地域別統括組織の整備

Ⅰ 量的拡大
取扱製品の販売量・生産量が大きく増加していく段階

 管理部門の整備・強化

この発展段階はアメリカの製造業のものなので、情報関連・サービス業が含まれていない点に注意する

この課題には、最近のネットワーク型組織やアウトソーシングなどの手法が含まれていないことに注意する

第Ⅰ部 第1章 実効ある戦略・戦術のつくり方

4 使いこなし方

発展段階に応じた策を練る

ステップ1　まず、21ページの図で、自社がどの発展段階にあるのかを判定し、図の4段階のどれかに○印を付けます。自己判定するときは、23ページの事例を参考にしてください。たとえば、Ⅱ地域拡張では、地域を越えて複数の工場をもつ会社や複数の県に出店しているスーパーなどが該当します。

ステップ2　経営課題克服策の点検です。23ページの自社が該当する段階の欄を見ます。そこに書かれた3つの経営課題克服策を読み、実施状況を自己判定します。

　実施状況の「済み」は、すでに対策中ということです。実施状況の「成果あり」は、対策の効果が目標以上に出ていることです。当てはまれば○印をし、当てはまらなければ×印をします。

　なお、よほど優良企業でないかぎり、各パターンの3つの克服策で「成果あり」とはなりません。「済み」に○印を入れられない克服策が必ずあるはずですが、すべて「済み」の場合でも成果ありと○印を入れられなければ、その克服策が、問題や悩みを解決する方策になります。

以上のように、会社は発展段階に応じて最優先で取り組む問題や悩みが違い、しかも、ⅠからⅣに段階を踏んで解決していくことが重要です。つまり、問題や悩みは、Ⅰ段階からの解決能力が蓄積されていないと、一段上の問題や悩みを解決できないのです。

企業発展パターンの使いこなし方

ステップ1
自社の発展段階の判定

ステップ2
経営課題克服策の点検

第Ⅰ部 第1章 実効ある戦略・戦術のつくり方

ステップ1

Ⅰ～Ⅳのうち、自社がどの発展段階にあるのかを自己判定する

Ⅰ **量的拡大**
　土産物店、地元スーパー、地場産業など

Ⅱ **地域拡張**
　地域スーパー、電力会社、ガス会社、複数の工場をもつ企業など

Ⅲ **垂直統合**
　小売店展開のメーカーや卸売製造子会社をもつ流通業など

Ⅳ **多角化**
　複数の事業をもつ企業

ステップ2

ステップ1で判定した、自社の該当段階での経営課題克服策の実施状況を自己判定する

＊経営課題克服策を、すでに実施している⇒「済み」

＊すでに実施し、その成果を目標以上にあげている⇒「成果あり」

上記に当てはまるならその項目に○印をする。当てはまらなければ×印をする。

第Ⅰ部　会社全体の問題や悩みを解決する戦略・戦術

5 ワークシートの書き方

全社的な目標で達成度をはかる

　ワークシートには、次の手順と要領で記入してください（23ページ参照）。

発展段階の判定──判定での留意点は次の通りです。量的拡大と地域拡張での単一事業は、製品・サービスの種類が多くても、事業として1つと考えます。たとえば、生ビール・発泡酒・第3のビールなどを発売していても、単一のビール事業になります。

　垂直統合の段階を経ない企業も出てきます。逆に、小売企業でも製造子会社を保有することもあり、この場合は垂直統合になります。多角化は、2事業以上を展開することです。事業規模は問いません。

経営課題克服策の点検──自社が該当する経営課題克服策のみ、点検します。各段階で、3つの克服策を図表に記載しています。

　基本として、メーカーの経営課題克服策にしているので、流通業・建設業・サービス業・情報関連業などでは、少し読み替える必要があります。

　実施状況は、全社的であることが条件です。ある事業所のみの実施は×印になります。「成果あり」も、事前に計画した目標が未達であれば、×印になります。

　×印の経営課題については具体的な対策を立て、すべて○印にできるよう努めます。次の段階にある経営課題についても、具体的な対策を準備してください。

● 巻末ワークシート①

[発展段階の判定と経営課題克服策の点検のワークシート記入例]

〈発展段階の判定〉　　　　　　　　　　　　　　　　　　　〈判定〉

Ⅰ 量的拡大	単一事業で特定地域での販売中心	
Ⅱ 地域拡張	単一事業で他地域へ進出	○
Ⅲ 垂直統合	事業の川上または川下に参入	
Ⅳ 多角化	事業を複数展開	

判定⇒該当欄に○印をしてください

〈経営課題克服策の点検〉

発展段階	経営課題克服策	実施状況 済み	実施状況 課題あり
Ⅰ	新販路開拓のチームをつくり、計画した新販路にアプローチさせる		
Ⅰ	多能工化と多工程持ちを促進し、生産性をあげる		
Ⅰ	売掛金管理を徹底し、100％回収をめざす		
Ⅱ	各担当地域の実情に応じた販売活動を計画し、毎年販売シェアアップをめざす	○	×
Ⅱ	各担当地域の大口顧客から電子発注を受け、欠品なく納品する	×	
Ⅱ	各販売・生産拠点の効率・コスト・課題をリアルタイムで本社・本部が把握する	×	
Ⅲ	販売部門が独自に販売効率と販売シェアを高める計画立案・実行を可能にする		
Ⅲ	生産部門が独自に競合他社をしのぐ高品質・低コストの製品を作れる生産体制を立案・実行できるようにする		
Ⅲ	上記ライン部門の活動を効果的に支援できるスタッフ部門を設けていく		
Ⅳ	事業のくくり方は、製品特性・市場特性・競争状況に応じて最適にする		
Ⅳ	収益への責任とそれに応じた権限を与えていく		
Ⅳ	事業部門と事業部長の業績評価制度をつくり、活動を全体最適にするように配慮する		

第Ⅰ部　第1章　実効ある戦略・戦術のつくり方

2 外部環境の変化をチャンスに変えられないか？

検索

➡ **SWOT分析**
アルバート・ハンフリー

Albert Humphrey（1926—2005）：アメリカのコンサルタントです。SWOT分析は、1960—70年代にスタンフォード研究所で、フォーチュン500社の研究プロジェクトの結果をまとめたものです。

［適用業種］**全業種**　　［おすすめ度］★★★

1 問題や悩みのポイント

激動の外部環境にどう適応するか

　環境変化がますます激しくなり、目が回りそうな気がしていませんか。しかし、激変する外部環境に適応できないと企業は生き残れません。生き残れるかどうかだけでなく、企業には、現在展開している事業群を成長させることも求められます。

　外部環境の変化には、企業の生き残りと成長に貢献できる要素（**機会**）と、逆に成長を鈍らせる要素（**脅威**）があります。

「事業を伸ばす方向が見えない」や「新事業のアイデアを発見する方法がわからない」といった問題や悩みも同じで、外部環境の機会に乗り切れるかどうかが課題ということで共通しています。

2 問題を解決する戦略・戦術

強みの生かし方がシンプルに導き出せる

　この悩みの解決に有効な理論が、アルバート・ハンフリーのSWOT分析（SWOT Analysis）です。企業の経営戦略や事業戦略の策定には、非常によく利用されている理論です。

　SWOT分析は、戦略策定のツールになると同時に、分析の目標に関連した状況を説明し、これに対する対策を立てるのに使えます。具体的には、市場や競合などといった外部環境の変化がもたらす機会・脅威（OとT）と自社の強み・弱み（SとW）で、シンプルに企業・事業の方向を導き出す分析方法です。

　予測も含めた外部環境の変化が、自社・事業の成長に結びつく可能性がある現象・予測を「機会」とします。いかに、機会を取り込んでいくかが重要です。逆に、阻害される可能性がある現象・予測を「脅威」と区分します。いかに、脅威を排除・回避できるのかが知恵の出しどころです。

　また、自社の経営資源・組織能力などが競合他社より優れている「強み」と、競合他社より劣る「弱み」に区分します。企業の生き残りと成長のためには、強みを最大限に生かして機会を取り込み、脅威を排除していくことが必要です。さらに、機会を逃さないためにも、弱みを補完していきます。

　分析法では、横に機会・脅威を、縦に強み・弱みを置いて、27ページのようなマトリックスを作成し、分析内容を記入していきます。

3 理論の利点と欠点

膨大な項目からの選択と区分けが必要になる

　SWOT分析は、非常にシンプルであることが最大の利点です。そのマトリックスは、横に機会と脅威を置き、縦に強みと弱みを置いただけなので、利用者にとってはとても使いやすいものになっています。しかも、経営戦略や事業戦略で見定める項目がすべて網羅されていることも、利用者が多い秘訣です。

　しかし、マトリックスに入る外部環境と自社の要素は非常に多く、どの範囲まで含めるかは分析する人次第というところがあります。要素には、社会・政治・経済・業界・市場などと多岐にわたる項目が考えられ、予測も含まれるので機会と脅威を区分する基準も明確ではなく、自社で基準をつくる必要があります。

　自社の強みと弱みも、利用上の基準が不明確です。強み・弱みを判定する項目が、自社の製品・サービス・インターフェイス・組織などと多様なうえ、競合他社との比較による強み・弱みの判定なため自社の都合が優先し、甘い判定になりがちです。

　つまり、使うときに網羅する項目の選択と、線引きする基準の設定で苦労するという欠点があります。はじめてSWOT分析を利用する人は、一度専門家に作成したマトリックスを見せて指導を受けるといいでしょう。

　では、SWOT分析の利点を最大限に生かし、欠点を補う利用法を見ていきましょう。

SWOT分析のマトリックス

		外部環境の機会 (Opportunity)	外部環境の脅威 (Threat)
SWOT分析		変化が事業・企業の成長に貢献できる可能性がある要素	変化が事業・企業の成長を阻害していく可能性がある要素
自社の強み (Strength)	経営資源などが競合企業に対して優れている点	機会を強みで取り込み、最大限に活用する	脅威を強みで防衛する
自社の弱み (Weakness)	経営資源などが競合他社に対して劣る点	機会を逃さないように弱みを補強し、機会損失を回避する	脅威から回避していく

＊機会は、通常「マクロ」「業界」「市場」に区分される。マクロは、社会・経済・政治をさす。業界は、業界動向（再編や需給状況など）と競争状況（ライバルや新規参入企業など）で、市場は、国内と海外（主要進出国別でも可）別に分析する。

＊自社の強みは、「製品・サービス」「インターフェイス（顧客との接点）」「組織」に区分される。製品・サービスは、自社が生産・取扱いをする範囲に限定する。インターフェイスは、技術・ビジネスモデル（事業の仕組み）・ネットワーク（販売網など）に分ける。組織は、経営資源（ヒト・モノなど）・組織能力・経営システム（意思決定・管理など）に分けて分析する。

4 使いこなし方

目標を絞り込んで最適な方向性を導き出す

　外部環境の機会に乗じて自社の強みを生かす手順を見ていきます（29ページ参照）。事業責任者・販売スタッフ・研究企画スタッフ・生産部門スタッフ・経営企画スタッフなどのチームで議論しながら記入していきます。

ステップ1　まず、分析するための目標を決めますが、会社や事業の方向を見定めることを目標とします。目標があれもこれもになると、よい方向を導き出すことができないので、絞り込んだ目標にすることが大切です。

ステップ2　機会・脅威に入る項目を考えます。機会の区分は、大別してマクロ・業界・市場になります。あくまでも、自社と事業に関連する項目を選びましょう。一方、脅威がどこまで波及するかも十分に見極めないと、予想外の影響を受けます。たとえば、2008年の冷凍ギョウザへの殺虫剤混入による影響で、冷凍食品全体の販売低下につながった事例もあります。

ステップ3　強み・弱みを考えます。自社の強みは、製品・サービス、インターフェイスと組織に大別できます。自社のスタッフが競合他社と比較すると、甘い判定になりがちです。意識的に厳しく判定するか、もしくは外部専門家に判定してもらうという手もあります。

　機会・脅威に強み・弱みを組み合わせて、まず、事実を記入します。次に、対策案をなるべく多く書き出し、有力な対策を絞り込んでいきます。

SWOT分析の使いこなし方

第Ⅰ部　第1章　実効ある戦略・戦術のつくり方

ステップ1　目標の設定

分析のための目標を決める
◎目標は「会社の方向を見定める」または「事業の方向を見定める」ことである
◎31ページの事例は、「売上が低迷するコンビニエンスストアが打開策を模索する」というもの

ステップ2　機会と脅威の区分

マクロ・業界・市場の変化（予測も含め）を把握し、自社にとって売上・収益の貢献に役立つ「機会」と、逆にマイナスの影響を及ぼす「脅威」に分ける
◎マクロ▶・流行、ライフスタイルなどの社会状況
　　　　　・規制緩和、政権交代などの政治状況
　　　　　・景気動向などの経済動向
◎業界▶市場シェア変化など業界動向・競争状況
◎市場▶市場規模など国内・海外市場

ステップ3　自社の強み・弱みの区分とクロス

自社の製品・サービス、インターフェイス（顧客接点）、組織を分析し、競合他社より優位にある「強み」と、逆に差を付けられている「弱み」に分ける。これを、機会と脅威の欄に記入して対策を立てる
◎製品・サービス▶既存・関連・新規に分けて記入する
◎インター
　フェイス▶・製品化技術などの技術
　　　　　　・事業の仕組みであるビジネスモデル
　　　　　　・開発などで協力してくれるネットワーク
◎組織▶・ヒト、モノ、カネなどの経営資源
　　　　・競合他社の優位に立つ業務運営できる組織能力
　　　　・業務を効率的に運営・管理する経営システム

第Ⅰ部　会社全体の問題や悩みを解決する戦略・戦術

5 ワークシートの書き方

機会・売上・リスクで対策案を絞り込む

ワークシートへの記入は、次の手順と要領で行ないます。

機会・脅威と強み・弱みの選定——目標に合わせて、機会・脅威・強み・弱みの項目を選びます。関連性の強い項目から逐次選ぶのがポイントです。

31ページの事例では、機会(市場―国内)・脅威(業界―競合状況) と強み(インターフェイス―ビジネスモデル)・弱み(組織―経営システム)に着目します。

事例のコンビニエンスストアでは、半径300メートルの住民を顧客にしています。競争激化で来店客を当てにできません。そこで、増加する近隣の高齢者に電話やFAXで注文してもらえば、店舗から短時間で配達できます。強みに、高齢者の増加という機会を取り込むのです。

弱みであるインターネット利用率の低さを克服するため、電話・FAXからの注文を入力できるシステムをつくれば対応できます。

対策の列挙と絞り込み——できるだけ多くアイデアを出し、その中から、今後の機会を最大限に取り込めるもので、売上貢献度の高さで有望であり、自社の経営資源とノウハウでも失敗確率が少ない実現しやすいものに絞り込んでいきます。

対策に必要な投資・経費・時間と効果(増加する売上・収益)を見積もり、事業部門の計画に落とし込んでください。効果が高い対策から実行に移します。

● 巻末ワークシート②

SWOT分析のワークシート記入例

第Ⅰ部 第1章 実効ある戦略・戦術のつくり方

SWOT分析			機会	脅威
			市　場	業　界
			国　内	競合状況
強み	インターフェイス	ビジネスモデル	65歳以上の高齢者人口は 2005年 2576万人 → 2030年 3667万人 に急増する ↓ 行動半径は小さくなり、自宅での生活中心になる ↓ 注文に応じて自宅まで食材や総菜などを既存店から配達する事業（宅配事業）に参入する ←	適正な商圏人口を大幅に下回り、過当競争に突入している。 ↓ 既存店の売上はマイナス成長になっている（新店で売上を伸ばしている）。 ↓ 商圏内で来店が少ない顧客層の掘下げが活発化している
弱み	組織	経営システム	↑	高齢者のインターネット利用率は低い ↓ 電話・FAX などからの注文も可能にするシステムが不可欠である ↓ マルチチャネルでの注文システムを構築する

3 どうしたらライバルを逆転できるのか？

検 索

➡ **チャレンジャーの戦略**
　コトラー
Philip Kotler：現代のマーケティングの父といわれています。1931年にアメリカで生まれた有名な経営学者です。

➡ **戦力の集中**
　クラウゼヴィッツ
Carl von Clausewitz（1780―1831）：プロイセン（現ドイツ）軍人で、実践的戦略論の提唱者として知られ、『戦争論』は有名です。

[適用業種] **全業種**　　　[おすすめ度] ★ ★ ☆

1 問題や悩みのポイント

ライバルに勝って自社を成長させたい

　あなたの会社のライバル（有力な競争相手）はどこですか。なんとかして、ライバルに勝ちたいと考えていますね。この悩みは、上位ライバル企業の売上シェアを逆転して、市場での地位を高めたいという願望の現れといえます。他社でも、同じ悩みを抱えています。

　しかし、ライバルを逆転するのはかんたんではありません。「なんとか上位企業とのシェア格差を縮めたい」「生き残れる上位企業群の中に入りたい」といった、勝ち残りに関する悩みも同じです。

　また、より大きな企業に成長するために、「ニッチ分野だけでなく、大きな市場に進出したい」という声も、今後のライバルを想定しているために出てくるものです。

2 問題を解決する戦略・戦術

差別化戦略でシェア逆転が狙える

　ライバルを逆転する戦略づくりの参考になるのが、コトラーの市場地位別戦略です。この戦略では、市場地位ナンバー１をリーダーとし、ナンバー２や３をチャレンジャーといいます。ナンバー４以下の中企業群はフォロアーで、競争を避けた隙間市場で活動するニッチャーもいます（35ページ参照）。

　リーダーとチャレンジャーの差は、経営資源の質に当たるブランド力・マーケティング力・技術力などの差です。営業人員の数・資金力といった経営資源の量には、大きな差がありません。質の面で、いかにリーダーより劣る部分を克服していくかが地位逆転の重要課題になります。

　市場地位別戦略でチャレンジャーが採用する戦略こそ、ライバル逆転戦略です。そして、ライバルから市場シェアを奪うための戦略が、リーダーとの差別化戦略です。差別化のためには、製品とサービス・価格・販売チャネル・プロモーションの４要素でリーダーと異なる方法を用いることが必要になります。

　製品とサービスは、品質・機能・ブランドなどだけでなく、保証内容や返品受付にまでおよびます。価格は、市場価格に加えて、優遇条件・支払条件も含みます。販売チャネルは、どの流通ルートを選ぶかだけでなく、在庫・品揃え・配送なども考慮します。プロモーションは、広告・販売促進・営業マンの活動であり、インターネットも含みます。

第Ⅰ部　第1章　実効ある戦略・戦術のつくり方

3 理論の利点と欠点

不足面を補えば少ない経営資源でも戦える

　市場地位別戦略での差別化の要素は、マーケティングの要素としての位置付けが強いものになっています。したがって、現在注目されている経営資源の配分やビジネスモデル（事業の仕組み）の組み入れ方については、十分ではないのが欠点です。この欠点を残すと、差別化を徹底できず、ライバルを逆転する効果があげきれません。

　そこで、経営資源の配分をクラウゼヴィッツの戦略の集中と機動的な運用で補うことで、より実践的な理論にします。つまり、細分化した中で選んだ市場で競争優位を実現できるように、チャレンジャーは経営資源（ヒト・モノ・カネなど）を集中させるのです。

　選んだ市場でライバルよりも多くの経営資源を投入し、競争優位を生み出します。

　さらに、状況に対応した経営資源補充のための移動や、より効果をあげるための組み替えで経営資源を集中させれば、ライバルより少ない経営資源が補えます。

　次に、ブランド力などの経営資源の質の低さを別の質（販売チャネルでのキメ細かいフォローなど）で補い、ライバルにない優位性を生み出します。

　ライバルを逆転、またはキャッチアップしていく方法には、最近よく見られる同業他社との経営統合や合併などもあります（56～63ページ参照）が、ここでは自社の戦力だけで進める戦略を見ていきます。

コトラーのチャレンジャー戦略とクラウゼヴィッツの戦略理論

クラウゼヴィッツの戦略理論

主戦場（勝敗を左右する地域や製品群）への戦力（経営資源）を集中させ、状況に応じて戦力の移動・再編成を行なう

〈補完〉

成功させるポイント

経営資源の質：高／低

経営資源の量：多／少

- トップリーダー［全方位戦略］
- ニッチャー［潜行すき間戦略］
- フォロアー［模倣追随戦略］
- チャレンジャー［差別化戦略］　挑戦

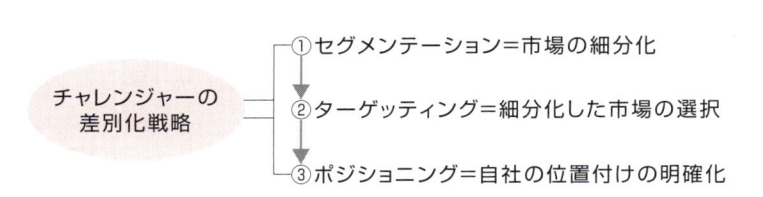

チャレンジャーの差別化戦略
- ①セグメンテーション＝市場の細分化
- ②ターゲッティング＝細分化した市場の選択
- ③ポジショニング＝自社の位置付けの明確化

4 使いこなし方

ライバルの市場を細分化してドル箱を攻略する

　差別化戦略を進めていく手順は、37ページの図表の通りです。

ステップ1　セグメンテーションです。ライバルの全市場を細かく（顧客層別・営業所単位・店舗単位など。ただし、販促や販売活動を可能にする最小単位という前提）分けます。分けた市場ごとに、売上高・収益率でランクを付けていきます。

ステップ2　ターゲッティング（攻略市場の特定）です。細分化した市場を、売上高・収益率でランク分けします。ランクは通常、「ドル箱」（売上高・収益率ともに大きい細分化市場）、「要攻略」（売上高は中程度以下だが、収益率が大きい細分化市場）、「要静観」（売上高は中程度以上だが、収益率が平均より低い細分化市場）、「お荷物」（売上高・収益率ともに低い細分化市場）の4区分です。

　ライバルを逆転するには、このうちのドル箱市場で勝つことが不可欠です。ドル箱市場を奪えば、売上・収益の柱を倒せるからです。

ステップ3　ポジショニングです。選んだドル箱市場で、ライバルと自社の違いを「プロダクト」「プライス」「プレイス」「プロモーション」の4Pで比較し、攻略法としての位置付けを行なうことです。4Pで「ライバル見逃し」「自社優位」「自社見逃し」の項目を発見し、攻略のビジネスモデル（事業の仕組み）に組み入れます。

差別化戦略を使いこなす手順

I章 実効ある戦略・戦術のつくり方

ステップ1　セグメンテーション

ライバルの全市場を細かく分け、分けた市場ごとに自社の戦力と比較をする

- 細かい分け方 ▶ 顧客層別・営業所単位・店舗単位などの販促・販売活動を可能にする最小単位に分ける
- 戦力 ▶ 経営資源の量と質を示す

ステップ2　ターゲッティング

攻略すべき市場を売上高・収益率でランク分けする

- ランク分け ▶ 『ドル箱』『要攻略』『要静観』『お荷物』（攻略したいランク）
- ドル箱市場を狙うのがポイントである

ステップ3　ポジショニング

選んだドル箱市場でライバルと自社の違いを4Pで比較し、攻略法を発見する

- ライバルと自社の違い ▶ 「ライバル優位」「ライバル見逃し」「同等」「自社優位」「自社見逃し」に分けて判定する
- 4P ▶ 「プロダクトProduct」「プライスPrice」「プレイスPlace」「プロモーションPromotion」の頭文字（英語）をさす。

第I部　会社全体の問題や悩みを解決する戦略・戦術

5 ワークシートの書き方

「ライバル見逃し」「自社優位」「自社見逃し」に注目

　39ページの事例では、文房具業界ナンバー1のコクヨにチャレンジしたアスクルの通販を取り上げました。

　まず、ポジショニングに使うワークシートで、横の欄にライバルのドル箱を、縦の欄に4Pの分類項目を記入します。ライバルと自社の比較に必要な項目はすべてリストアップし、ライバルと自社がともに見逃している項目も含めます。

　横の欄では、4Pの分類項目ごとにライバルと自社の比較を客観的に判定します。判定後、「ライバル優位」「同等」の項目は、とりあえず参考外にします。

　着目するのは、「ライバル見逃し」「自社優位」「自社見逃し」の項目です。事例で見ると、コクヨは利益率の高さから定価販売の文房具店に安住し、今後有望な通信販売に進出していないことがわかります。個人事業主向け雑誌（パーソナルメディア）での広告も、当時はほとんど見られませんでした。

　これを、アスクルは事業の仕組みに入れました。電話・FAXで注文を受け、宅急便で届ける通信販売に参入したのです。実勢価格の20〜30％割引で販売し、独自のカタログ（パーソナルメディア）に自社製品と他社からの仕入製品を掲載して大成功しました。

　ワークシートで特定できたドル箱市場に、人員・経費・ネットワークなどを重点的に割り当ててください。あとは実行あるのみです。

●巻末ワークシート③

ポジショニングに使うワークシートの記入例(アスクル(

4P		ドル箱市場	個人事業主				
			ライバルとの比較				
			ライバル優位	ライバル見逃し	同等	自社優位	自社見逃し
1P「プロダクト」(製品・サービス)	ブランド		○				
	品揃え		○				
	品質				○		
	機能				○		
	デザイン		○				
2P「プライス」(価格)	希望小売価格		○				
	実勢価格			◎			◎
	採算価格		○		○		
3P「プレイス」(販売チャネル)	間接販売	大型店チェーン店	○				
		文房具店	○				
	通信販売			◎			◎
	直接販売		○				
4P「プロモーション」(販売促進)	マスメディア		○				
	店内販促		○				
	パーソナルメディア			◎			◎

ここに事業の着眼点がある

第Ⅰ部 会社全体の問題や悩みを解決する戦略・戦術

4 事業をどう組み換えたら成長できるのか？

検索

➡ **ポートフォリオ**
ボストン・コンサルティング・グループ
The Boston Consulting Group：アメリカの経営コンサルティング会社であり、日本にも進出済みで有名です。『ポートフォリオ戦略』などの著書があります。

➡ **ファイブ・フォース**
マイケル・ポーター
Michael E. Porter：1947年にアメリカに生まれ、現在ハーバード大学教授です。競争戦略の第一人者で『競争優位の戦略』は有名です。

[適用業種] **全業種**　　　[おすすめ度] ★ ★ ★

1 問題や悩みのポイント

どの事業を捨て、どこに参入するか

あなたは、会社を成長させるためにどの事業を組み合わせたらよいか、考えたことがありますか。成長する事業だけを残し、いかに効率よく管理・運営できる事業の組み合わせを実現するかというのは、すべての企業がもつ悩みです。

この悩みは、「どの事業を捨てるのか」と「どの事業に参入（M&Aを含む）するのか」に分けられます。

捨てる事業の選び方では、社内を納得させることが求められます。

どの事業に参入するかでは、その事業だけでなく、めざす事業が属する業界自体を選択することと同じ意味になります。つまり、その業界で、自社が参入して競争に勝てるかどうかを見極めることが大切になるというわけです。

2 問題を解決する戦略・戦術

捨てる事業とオイシイ事業が一目でわかる

　捨てる事業を決めるのに役立つ理論として有名なのは、ポートフォリオ分析（Portfolio Analysis）です。この理論は、アメリカのボストン・コンサルティング・グループが開発しました。

　ポートフォリオ分析は、相対的市場シェア（競合ナンバー１との競争力の強さ）と市場成長率（成長の高低）を、花形事業・金のなる木事業・問題児事業・負け犬事業の４つに区分します。負け犬事業になると、撤退すべき事業となります。そのわかりやすさから、一時ブームとなりました。

　一方、「どの事業に参入するのか」を決めるのに有効な理論は、マイケル・ポーターが唱えたファイブ・フォース（Five Forces ＝５つの要因）分析です。

　ファイブ・フォース分析は、利益率の高い業界を見つける分析です。この分析法で見つけた業界が、参入対象となるうまみのある事業になります。

　新規参入者の脅威・サプライヤーの交渉力・顧客の交渉力・代替品の脅威・同業他社との競争関係の５つの要因で選定します。５つの要因を分析し、最終的に、業界内での競争で自社が一定以上の市場地位を築けるかどうかが、最大のポイントです。

　ポーターは、差別化とコスト優位の２項目でポイントをクリアできると主張しています。その主張は簡明で、日本にも多くのファンがいます。

3 理論の利点と欠点

競争力が低下するケースも出てくる

　ポートフォリオ分析は、すべての事業を分析時点の市場成長率と相対的市場シェアの2軸で評価します。したがって、事業の性格や位置付け（将来の中核事業や社会貢献事業など）は考慮されません。しかも、スタートして3年以内という、赤字が当然の新規事業や技術上関連した事業なども同列に評価するので、競争力を低下させた企業もあります。

　この欠点を補うには、自社として効率的に管理・運営できる事業を選ぶことと、技術上の関連などを考慮した戦略事業単位になるかどうかを明確にすることです。

　一方、利益の高い業界でうまみをえるには、他社より優位の製品・技術・組織能力などが求められます。そうでないと、いかに利益の高い業界でも、市場シェアの低い企業は利益がえられません。

　競争を勝ち抜くには、差別化や、低コストの製品・サービスの投入だけでは不足です。競合他社に格差を付けるためには、重要な競争要因である組織能力・経営資源などが不可欠です。

　しかし、ファイブ・フォース分析には、組織能力・経営資源などが対象になっていないため、自社として参入しやすい業界かどうかを判別できないのです。

　この欠点を補えれば、ファイブ・フォース分析は、捨てる事業と参入できる事業の選定に効果的に利用することができます。

ポートフォリオ分析とファイブ・フォース分析

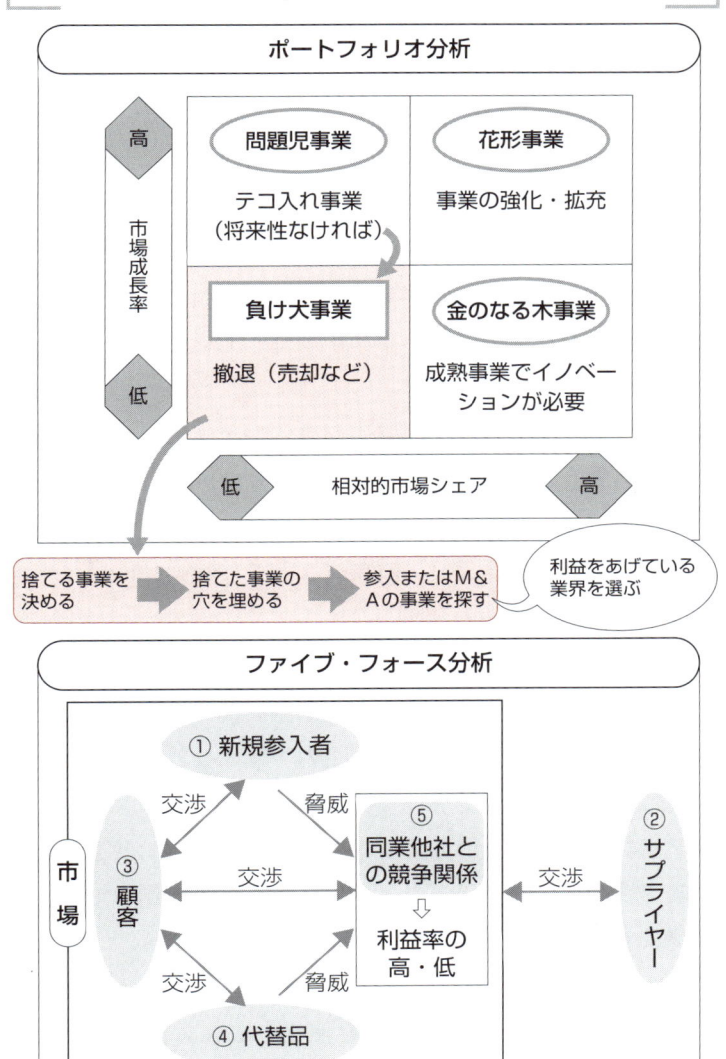

第1章 実効ある戦略・戦術のつくり方

ポートフォリオ分析

市場成長率（高⇔低）／相対的市場シェア（低⇔高）

- 問題児事業：テコ入れ事業（将来性なければ）
- 花形事業：事業の強化・拡充
- 負け犬事業：撤退（売却など）
- 金のなる木事業：成熟事業でイノベーションが必要

捨てる事業を決める → 捨てた事業の穴を埋める → 参入またはM&Aの事業を探す

利益をあげている業界を選ぶ

ファイブ・フォース分析

- ① 新規参入者
- ② サプライヤー
- ③ 顧客（市場）
- ④ 代替品
- ⑤ 同業他社との競争関係 ⇒ 利益率の高・低

交渉・脅威の関係

第Ⅰ部　会社全体の問題や悩みを解決する戦略・戦術

4 使いこなし方

捨てっぱなしではなく穴埋めも考える

　ポートフォリオ分析とファイブ・フォース分析は、次の手順の中に組み入れて使います（45ページ参照）。

ステップ１　捨てる事業を決めます。4区分の中で負け犬事業の欄に記入された事業が、捨てる事業です。さらに、問題児事業でも将来性がない（投資しても市場シェアを伸ばせないなどの理由で）事業も、捨てる事業に繰り入れます。毎年見直し、どの区分の事業が増減しているかを注意深く点検することも重要です。

ステップ２　捨てる事業群で失われる売上・収益を埋める金額を算定します。

　なお、残された事業群の売上・収益は今後も増加するので、そこも計算に入れ、将来（3〜5年後）に向けて追加すべき売上・収益の金額を算定します。

ステップ３　参入すべき候補事業を選定します。事業を展開したい分野を特定（技術関連や店舗展開上など）しながら、ファイブ・フォース分析に成長力・ライフサイクルを補って、うまみのある業界＝事業を見つけることです。

ステップ４　うまみのある候補事業への参入難易度を判定し、実際に参入すべき事業を選びます。うまみがあっても、実際に参入できるかどうかは、また別の問題です。

　なお、自社の実力では参入できない事業でも、提携・合併・経営統合などのM&Aを使う方法もあります（56〜63ページ参照）。

組み合わせた両理論の使いこなし方

ステップ1　捨てる事業の決定

ポートフォリオ分析での「負け犬事業」と「問題児事業で将来性のない事業」を捨てる（ただし、3年以内の新規事業や社会貢献事業は除く）

↓

ステップ2　埋める売上・収益の算定

捨てる事業の売上・収益の金額を算定し、将来に向けて追加すべき売上・収益の金額も計算する（ただし、残す事業群で今後も増加する売上・収益の分を加味する）

↓

ステップ3　参入候補事業の選定

ファイブ・フォース分析で参入してうまみを受けられる事業を選定する
ただし、事業の成長力とライフサイクルも加味する

◎成長力▶今後5年以上にわたり市場規模が拡大する
◎ライフサイクル▶成長前期がよいタイミング

↓

ステップ4　参入難易度の判定

参入候補事業に容易に参入できるかどうかも判定し、参入事業を決める
なお、自社の実力では参入困難でも他社をM&Aして参入する方法もある（本表では除く）

第Ⅰ部　第1章　実効ある戦略・戦術のつくり方

第Ⅰ部　会社全体の問題や悩みを解決する戦略・戦術

5 ワークシートの書き方

既存事業へのメリットも考慮する

　ワークシートは、参入候補事業を絞り込むのに使います。記入要領は次の通りです（47ページ参照）。

うまみ度（魅力度）――判定は、良い・悪いで行ないます。

　顧客は、市場規模の大きさと成長率の高低で決めます。新規参入者数と代替品数は、なしまたは少ないが「良い」です。サプライヤー（部品・原材料の供給企業）との力関係は、サプライヤーが強くなく、撤退企業も少ない場合が「良い」です。収益率は、目標以上に高いことが「良い」の条件になります。

　以上の7項目で「良い」に〇印がついたものは、それぞれ1点を点数欄に記入します。

難易度（実現度）――経営理念に合い、参入タイミングも成長前期であれば「良い」です。経営資源は、事業の専門家の数と資金で判定します。展開力は、事業を独自に展開できる運営・管理能力が備わっていることが条件です。リスクは、資金の負担（累積赤字額の多少）と経営への影響度（失敗での信用失墜などによる他事業の営業不振など）が小さいことが求められます。既存事業のメリット（工場の稼働率向上など）の大きさも考慮します。

　以上の8項目で「良い」に〇印がついたものは、それぞれ1点を点数欄に記入します。合計が15点満点中11点以上になれば参入事業として選び、詳細な事業計画を作成して、最終的な参入の可否を判断します。

● 巻末ワークシート④

参入事業選定のワークシート記入例

評価項目			判定 良い(1点)	悪い(0点)	点数
うまみ度（魅力度）	顧客	市場規模	十分ある（300億円）	ない	1
		今後5年間年平均成長率	高い（6％以上）	低い	1
	新規参入者の数		少ない（3社以下）	多い〇	
	代替品の数		なし〇	ある	1
	サプライヤーとの力関係		弱い〇	強い	1
	競合状況		撤退企業少ない〇	多い	1
	収益率		高い（5％以上）〇	低い	1
	うまみ度の小計		6点	—	6点
難易度（実現度）	経営理念の適合		即している〇	いない	1
	タイミング		成長前期〇	その他	1
	経営資源	必要な専門家の数	十分いる（調達可）	いない（調達難）〇	
		必要な資金ⓐ	調達可能〇	難しい	1
	自社の展開力		ある〇	なし	1
	リスク	資金上ⓑ	軽い	負担以上〇	
		経営上	小さい（信用失墜なし）〇	大きい（　）	1
	既存事業のメリット		大きい（ある）〇	小さい（なし）	
	難易度の小計		5点	—	5点
合計			15点満点中の11点以上が合格（ただし、ⓐⓑ0点は不合格）		11点

5 ライバルに戦いをあきらめさせたい

検 索

⮕ **戦う前に勝つ**
孫子
孫武：孫子を書いたといわれる、紀元前500年頃に中国の呉で活躍した軍師です。

⮕ **総力戦**
リデル・ハート
Basil Henry Liddell-Hart（1895—1970）：イギリスで活躍した戦略思想家です。著書の『戦略論』は有名です。

［適用業種］**全業種**　　［おすすめ度］★ ★ ★

1 問題や悩みのポイント

ライバルとの競争で業績が悪化してしまう

　あなたは、ライバルに苦労させられていませんか。ライバルとの競争で自社の売上・収益を悪化させている企業は、じつに多いのです。ライバルをなんとか降参させたいと考えるのは当然でしょう。

　ライバルを降参させる方法には、「相手の弱点を突く」「心理的または体力的に、相手をあきらめさせる」の2つがあります。いずれの方法をとるにしろ、自社・グループがもつ知恵と力の範囲内でできる方策を、常に模索しなければなりません。

　なお、自社・グループの力では不十分だという場合には、他社・他グループの力を借りる合従連衡（がっしょうれんこう）（提携や合併）の方策があります（56〜63ページ参照）。

❷ 問題を解決する戦略・戦術

強みのアピールで戦わずして勝つ

「ライバルの弱点を突くのが有効」とは、孫子に出てきます。そして、「戦う前に勝つ」とは、ライバルの弱点を効果的に突くことを十分に事前に研究し、降参させられる条件を自社が準備することです（51ページ参照）。

また、孫子では弱点の研究に必要なこととして、「敵を知り己を知れば百戦すれども危うからず」と書いています。敵であるライバルと自社の実力・実態を見極めれば、百戦しても負けないという意味です。

ここでのポイントは、実力・実態におけるライバルの弱点を見つけることです。

ただし、弱みを突くだけでは戦略がかぎられます。そこで、自社の強みを事前に見せつけ、「心理的または体力的にあきらめさせる」という、リデル・ハートの「総力戦」（Total War）が有効です。

どんなライバルでも、常に資金や人材が豊富なわけではなく、技術開発でも、常に自社より先行しているとはかぎりません。こうした情報を事前に収集・利用して、自社が相手に示せる強みを発見したり、つくり出します。

相手をあきらめさせるには、ライバルが弱点を補完する時間を与えないことが重要です。たとえば、特許をまもなく取得するとか取得したことを、弱点を補完される前にライバルに知らしめることです。結果として、時間的にライバルが追いつけないことを示すのが重要になります。

3 理論の利点と欠点

アピールがヘタだと競争になる

　孫子がいう弱点は、自社にもあります。しかも、ライバルは常に自社を観察・分析しています。このため、ライバルよりも早く弱点を突かないと、逆に自社の弱点を突かれるので先手必勝が求められます。

　さらに、相手の弱点を突くには、いくつかの条件が整っていることが必要になります。たとえば、ライバルが新店を出す前に自社の既存店を倍増し、大幅に店舗面積で上回ろうとするときは、既存店の隣に敷地を確保することや、資金調達できることが必要な条件になります。

　条件を満たして相手の弱点を先に突ければ、効果をあげ、競争に入る前にライバルを断念させられます。

　このように、孫子の戦略ではいろんな条件を整えなければならず、戦略が限定されてしまいます。そこで、リデル・ハートがいうように、自社の強みをライバルに効果的に知らせることで、競争しても失敗の確率が高いと思わせ、競争を回避させる戦略も視野に入れます。

　具体的には、たとえば、大型投資を発表して提携を誘うことです。しかし、自社優位の判定が甘い場合や効果的に知らしめられなかったときは、事前に相手をあきらめさせることができないという欠点があります。

　この欠点を十分に踏まえ、優位を知らせる方策をタイミングよく、かつ効果的に使えば、競争回避に大きな効果が発揮されます。

「戦う前に勝つ」を実現する「総力戦」

| 孫子 | 相手の弱み（弱点）を事前に知り、これを効果的に突く方策を立てる
● ライバルが驚く新商品を連発する
● ライバルが出せない低価格を打ち出す
　　　　　　　　　　　　　　など |

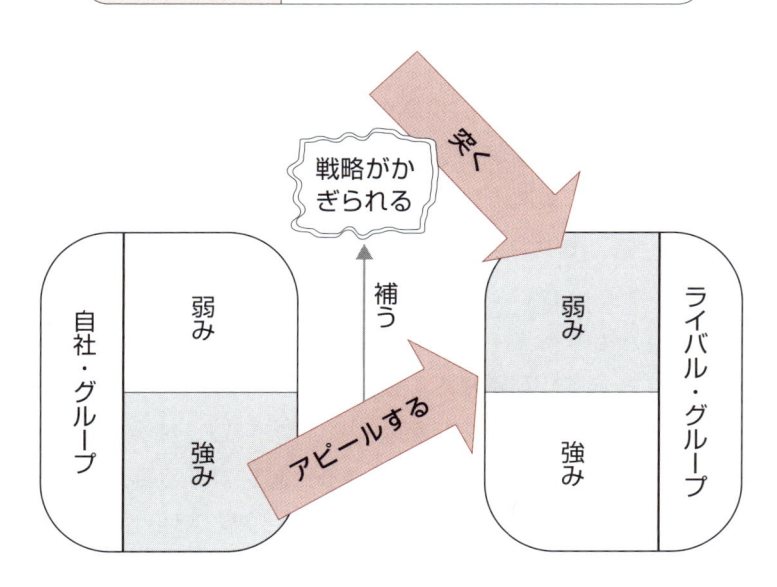

突く

戦略がかぎられる

自社・グループ
- 弱み
- 強み

↑ 補う

アピールする

ライバル・グループ
- 弱み
- 強み

| リデル・ハート | 〈総力戦〉
心理的、社会的、経済的に降参するように相手を追い込む
● 先行して特許を取得してしまう
● 大規模な先行投資を発表する
● ライバル店の近くにある自社店舗を2倍以上に増築する |

第1章　実効ある戦略・戦術のつくり方

4 使いこなし方

ライバル攻略のための強みを見つける

　孫子とリデル・ハートの理論を、次の手順にしたがって使うと効果があがります（53ページ参照）。

ステップ1　ライバルの弱みを発見します。ライバルの実力・実態の各項目を自社と比較し、自社の強み（ライバルの弱み）になる項目を抽出します。

ステップ2　有効な自社の強みを特定します。自社の強みが、ライバルより優位を示せるかどうかを判定する作業です。通常、実力・実態が2割以上自社に優位かどうかで判定しますが、この基準を使って明確に優位を示せる強みをいくつか特定します。

　強みを組み合わせて、ライバル攻略のシナリオを描けるかどうかも考えます。

ステップ3　自社が優位ある強みをもち、攻略のシナリオを描ける場合は総力戦をしかけます。つまり、自社の強みが大きく、ライバルもそれを認めると想定できる場合です。これなら、強みを効果的に相手に知らしめて戦意をくじき、競争をあきらめさせることができます。

ステップ4　優位ある強みを自社が十分にもたない場合、ライバルの弱みを突く以外に方法がありません。弱みを徹底して突き、競争をあきらめさせるのです。

　相手の弱みを突くには、その弱みに自社の戦力などを一定期間集中させることが肝要です。集中度の高さが成功の確率を高めていきます。

「戦う前に勝つ」と「総力戦」の使いこなし方

ステップ1　ライバルの弱みを発見する
自社とライバルの実力・実態を比較し、ライバルの弱みを発見する

↓

ステップ2　自社の有効な強みを特定する
ライバルに対して明らかに優位を示せる自社の強みを特定する

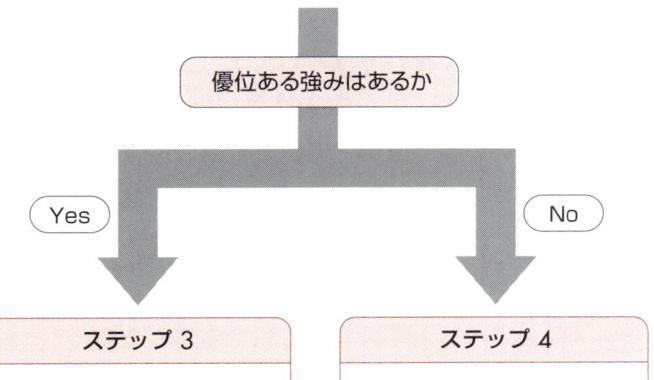

↓

優位ある強みはあるか

- **Yes** → **ステップ3　総力戦を仕掛ける**
  自社・グループの強みを効果的にライバルに知らしめて戦意をくじき、競争をあきらめさせる。

- **No** → **ステップ4　弱みを突く**
  ライバルの弱みを集中的に突く構えをし、出鼻をくじいて競争をあきらめさせる。

I章　実効ある戦略・戦術のつくり方

5 ワークシートの書き方

強みが生かせるリアルなシナリオを選ぶ

ライバルとの実力・実態の比較──売上・損益分岐点・投資額など実力に関する数値だけではなく、格付けや上位シェア製品数などの実態も比較します。55ページのワークシートに書かれているのは、消費財メーカーの事例です。自社が２割以上も上回るならば、自社の強みとします。逆に、２割以上下回ればライバルの強みとします。

　比較の結果は、自社の強み・同等・ライバルの強みの３ついずれかで判定されますが、このうち自社の強みを活用していきます。

強みのシナリオづくり──自社の強みの中で、どれがライバル攻略のシナリオをつくれるのか試します。実効性の高いシナリオを多数つくり、実現性の高いものを選ぶのです。実現性の高いシナリオのうち、優位ある強みがあれば、総力戦をしかけ、なければライバルの弱みを突きます。

　たとえば、損益分岐点が低く、主力販売チャネルの数が多いケースです。損益分岐点の強みを生かして割安感のある新製品をいくつか投入する、相手の弱みを突くシナリオにします。主力販売チャネルの数も多いので、新製品群を拡販して顧客への訴求度を高めます。こうして、主力販売チャネルで相手の定番を減らし、拡販の機会を増加させます。

　次に、実際の行動計画を作成し、必要な人員・投資・新製品を投入する事業戦略と年度予算に反映させます。

● 巻末ワークシート⑤

自社とライバルの比較で使うワークシート記入例

実力・実態		ライバル/自社 の比率 ≦0.8 自社の強み	0.8< <1.2 同　等	1.2≦ ライバルの強み
実力	売上高		○	
	損益分岐点	○		
	投資額		○	
	直近3カ年の新製品の数	自社の強みでライバルを攻略できるシナリオがつくれるかどうかが成功のカギ		○
	特許数		○	
実態	格付け		○	
	上位シェア製品の数		○	
	新製品の開発期間		○	
	主力販売チャネルの数	○		
	製品のクレーム件数	○		
該当項目数		3/10	6/10	1/10

I章　実効ある戦略・戦術のつくり方

第Ⅰ部　会社全体の問題や悩みを解決する戦略・戦術　55

6 どんな相手と手を組めばよいのか？

検 索

➡ **合従連衡の策**
蘇秦・張儀
蘇秦は中国の戦国時代（紀元前4世紀頃）の東周の人であり、張儀は魏の人で秦の宰相となりました。

➡ **相互学習サイクル**
藤本隆宏
藤本隆宏：1955年に東京で生まれ、現在東京大学教授です。日本の自動車業界を長年研究し、『能力構築競争』（2003年刊）が有名です。

［適用業種］全業種　　［おすすめ度］★ ★ ☆

1 問題や悩みのポイント

企業体力のカンフル剤はリスクも高い

　今後とも日本では、総人口が減少します。あなたの会社でもその影響が出ていませんか。海外市場を開拓できていない企業では、市場縮小の有効な対策として、企業規模を大きくすることで体力を付けるしかありません。カンフル剤になるのが、提携・合併です。

　提携・合併では、どの企業と組むのかという問題が出てきますが、失敗するケースも多いものです。

　提携・合併のメリットは、売上・コストなどでなく、相互に経営ノウハウを移転でき、進化を促す相互学習が実現できることです。ここの取り違えが、失敗の原因になります。

　相手が決まると、次に「相互学習を実現できるか」に悩みますが、これはどんな企業規模でも大きな問題になります。

❷ 問題を解決する戦略・戦術
状況次第で手の組み方が変えられる

「どの企業と組むのか」の答えを見つけるのに役立つのは、蘇秦と張儀の合従連衡です。

　蘇秦は、当時の最強国である秦に対抗するため、韓や魏などの6カ国が同盟を結ぶ「合従策」を提唱しました。張儀は、6カ国と秦とがそれぞれ個別に手を結ぶ「連衡策」を実現しました。現在でも、提携・合併で使われる2大選択肢です（59ページ参照）。

　合従連衡は、状況に応じて臨機応変に同盟するという、現代ますます重要性を増している理論です。合従策は、下位企業が連合してナンバー1企業に対抗していくときに利用され、連衡策は、下位企業がナンバー1企業と手を結んで生き残りをはかるときに利用します。

　提携・合併の効果を高めるために、「両社が相互学習できるか」については、藤本隆宏氏の提唱があります。その提唱によれば、競争力を生む相互の組織能力を補完する「相互学習サイクル」が、資本提携の成否のカギを握っているとのことです。

　コスト削減や設備の相互利用などは一時的な効果でしかなく、本当の効果は、両社の強みとする組織能力を相互に移転させ、強力な組織能力を構築していくことです。

　最近の業界構造変動の早さに対応するための切り札、提携・合併が成功しにくいという悩みを解決するのに、じつに効果的な対策です。

3 理論の利点と欠点

メンツにこだわれば内紛が起きる

　合従連衡では、提携・合併後や解消時に企業間で大きな軋轢を生むという欠点があります。合従策では、力の弱い企業同士が協力するため、戦略の策定・実行で主導権争いが生まれるケースが多く見られます。連衡策では、ナンバー1企業に下位企業が飲み込まれてしまいがちです。その意味で、慎重に相手企業を選定することが不可欠になります。

　さらに、提携・合併後に事業の組み替えや人事問題などで、内部紛争が起きるケースも多く見られます。ここで一番大きな問題は、いかに自社のメンツを立てるかばかりを両社が考え、競争力を高める方向に目を向けないことです。

　相互に強みを認め合い、学び合う態度を養うことが提携・合併では重要で、これを促すのが相互学習サイクルです。いかにナンバー1企業でも、経営すべてで強みをもっているわけではありません。弱みも必ずもっているので、弱みを自覚し補強する態度がないと、今後の競争に勝ち残ることはできないのです。

　感情的にならず、システムとして相互学習サイクルを提携・合併後に構築できれば、成功する確率を大幅に引きあげられます。

　ただし、利点は大きいものの、組織能力を移転するには5〜10年という長期間で考える必要があるのが難点です。この欠点を補うためには、経営者以下のスタッフの、根気ある取組みが不可欠になります。

合従連衡と相互学習サイクル

第Ⅰ部 第1章 実効ある戦略・戦術のつくり方

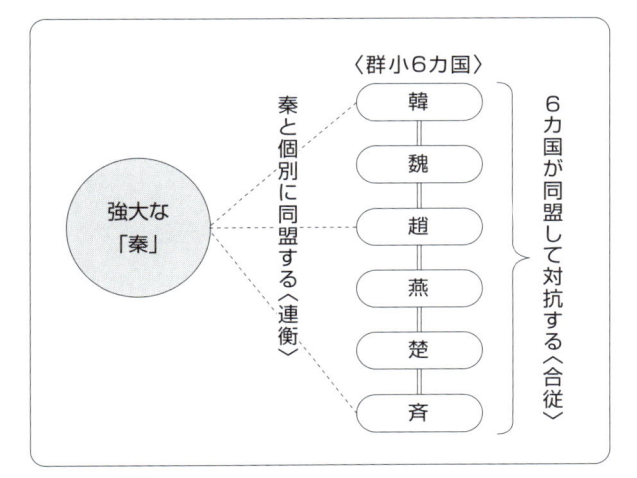

合従連衡

- 強大な「秦」
- 〈群小6カ国〉
  - 韓
  - 魏
  - 趙
  - 燕
  - 楚
  - 斉

秦と個別に同盟する〈連衡〉

6カ国が同盟して対抗する〈合従〉

↓ 自社のメンツが優先してしまう

相互学習サイクル

自社（戦略構想力） ─ 移転 → 相手（製造能力・技術力・開発能力）

競争力強化

相手 ─ 移転 → 自社

〈資本・売上・コストのみでは成功しない〉

第Ⅰ部 会社全体の問題や悩みを解決する戦略・戦術

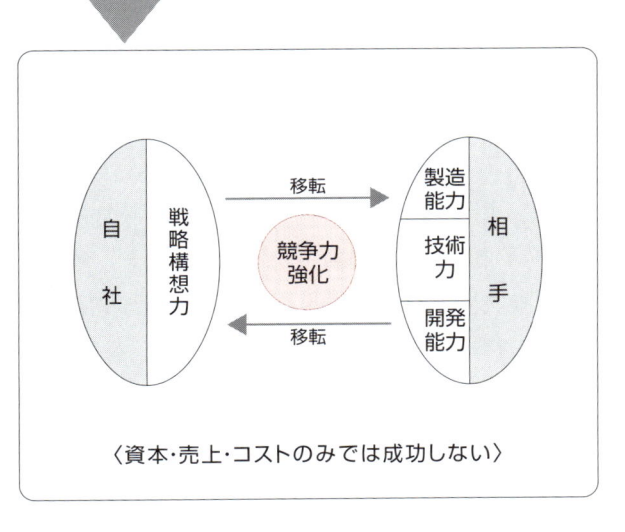

4 使いこなし方

提携・合併後も見直し続けることが大切

　合従連衡と相互学習サイクルの両理論を、次の手順で利用していくと効果的です（61ページ参照）。

ステップ1　相手企業の探索・評価です。上位企業に対抗し、将来に向けて企業価値を向上させる「目的の確認」を行ないます。効果をあげるための条件を整理する「探索基準の決定」です。「相手企業の探索」をして、探索条件に合ういくつかの候補企業を選定する「探索後候補企業の評価・絞り込み」を行ないます。

ステップ2　合従か連衡かの選択です。選ぶためには、まず、候補企業と実際に提携・合併の交渉を行ない、「候補企業との交渉と選択」をします。合意ができれば、取締役会の承認後に契約を交わし、株主総会の承認を受ける「条件に合った候補企業との契約と承認」となります。提携・合併のスタート日までに、両社は準備委員会や分科会を立ち上げる「準備の体制整備」を行ないます。

ステップ3　相互学習サイクルの構築を行ないます。そのために、相互にベンチマーキングし、優れた点を列挙する「自社と相手企業の優れた点の抽出」や、両社の関係者が集まり共同の推進部隊をつくる「相互学習の体制整備と開始」を行ないます。

　推進部隊の進捗を見ながら機動的に体制を見直し、本来のあるべき姿にシステムを革新する「絶えざる体制の見直しとシステム革新」を推進していきます。

相互学習サイクル構築までのプロセス

ステップ1
相手企業の探索・評価
- 目的の確認
- 探索基準の決定
- 相手企業の探索
- 探索後候補企業の評価・絞り込み

ステップ2
合従か連衡かの選択
- 候補企業との交渉と選択
- 条件に合った候補企業との契約と承認
- 準備の体制整備

〈提携・合併スタート後〉

ステップ3
相互学習サイクルの構築
- 自社と相手企業の優れた点の抽出
- 相互学習の体制整備と開始
- 絶えざる体制の見直しとシステム革新

5 ワークシートの書き方

相互に評価し、優れた点を認め合う

　60ページにあるステップ3の、「自社と相手企業の優れた点の抽出」に利用するワークシートの作成要領は次の通りです（63ページ参照）。

評価項目と基準の相互確認——優れているかどうかを議論しても、結論は出ません。そこで、自社と相手の業務プロセスを洗い出し、評価項目を決めていきます。評価項目ごとに3段階の評価基準を設定して、両社の目線を合わせます。

相互に評価し合う——自社は相手企業を、相手企業は自社を評価します。相互に実態を確認して、比較できるために必要な知識をえておきます。相互のメンツよりも、実態評価からの議論を出発点とします。どうしても感情的になる場合は、社外専門家に依頼する方法もあります。

優れた点の抽出——相互評価した項目を比較し、Aランクが多いほうを優れていると判定します。ランクの上下であれば、感情が入る余地が少ないからです。

　優れた点を抽出できたら、それをベースにして相互に改良・革新していく業務プロセスを明確にします。優れた点をもつ会社が、相手企業に改良・革新の指導をします。指導される会社は、積極的に吸収に努めなければなりません。

　優れた点を抽出したあと、相互に協議して指導スケジュールを作成します。このスケジュールは、相互学習体制の中で承認を受けて実行に移します。

● 巻末ワークシート⑥

優れた点の抽出に使うワークシート記入例

〈見込生産方式〉自社と相手企業で相互に評価する

区分	評価項目	評価			点数
		Aランク(1点)	Bランク(0.5点)	Cランク(0.2点)	
生産管理	①過去6カ月の生産量は、生産能力の何%か	90%以上100%以下	70%以上90%未満	70%未満	0.5点
	②生産計画の単位と変更率はどれだけか	週または旬単位で変更率20%以下	週または旬単位で20%超30%以下あるいは月単位で30%以下	月単位で30%超	1点
工程管理	③工程ごとの生産予定はいつ確定するのか	2日以上前に確定する	前日までに確定する	当日にならないと確定しない	0.5点
	④工程での改善活動は盛んか（工場従業員10人当たり）	月平均10件以上（1工場）改善実施	月平均5件以上10件未満	月平均5件未満	0.5点
品質管理	⑪ISO9000S、HACCPの認証を取得しているか	認証を取得している	認証取得の申請中である	認証取得を考えていない	1点
	⑫品質クレームはどれだけあるか	過去1年間で1件またはゼロである	過去1年間で2〜3件ある	過去1年間で4件以上ある	0.5点
原価管理	⑬原価管理制度はつくられ的確に運用されているか	ABC制度がつくられ的確に運用されている	標準原価制度がつくられ的確に運用されている	原価管理制度はなし、または形骸化している	0.5点
	⑭分析に基づきコスト削減はすすめられているか	過去1年間で30%以上コスト削減	過去1年間で15％以上30%未満コスト削減	過去1年間で15％未満コスト削減	0.5点
環境対策	⑮リサイクルや廃棄物の利用をすすめているか	対策を立てて着実にすすめている	対策を検討中である	具体的に対策を考えていない	1点
小　　計		①+〜+⑮=15点満点			10.5点

第Ⅰ部　第1章　実効ある戦略・戦術のつくり方

7 リスクの種類を知りたい

検索

➡ リスクマネジメントと業務継続計画
アメリカの連邦準備制度理事会など

アメリカの連邦準備制度理事会・通貨管理局・証券取引委員会：2002年に共同して、業務継続計画に関する白書を発表しました。

[適用業種] 全業種　　[おすすめ度] ★★★

1 問題と悩みのポイント

どのリスクに対応すればいいのかがわからない

あなたは、1995年の阪神・淡路大震災を覚えていますか。あの大震災以来、ほとんどの会社が天災による影響の大きさを再認識し、対策を考えるようになりました。天災への対策こそがリスクマネジメントですが、その種類はじつに多く、あなたの予想を上回ることでしょう。

種類のあまりの多さから、「リスクはどれだけあるのか」「どこまで対策を考えればよいのか」などの声が数多く聞かれます。

さらに、それぞれのリスクに備える部門も多岐にわたることになるため、「リスクを探知し対策を実施していく社内体制は、どうしたらよいのか」という悩みも、多くの企業から出されています。

2 問題を解決する戦略・戦術

体系的にリスク管理ができる

　阪神・淡路大震災のようなリスクが発生しても、業務を支障なく、もしくは少なくとも継続させていく方策が必要です。2001年の同時多発テロを契機に、アメリカの連邦準備制度理事会・通貨管理局・証券取引委員会が共同して、リスク管理の必要性と、リスクへの対応を確実に行なっていく業務継続計画に関する白書を、2002年に発表しました。

　この白書は体系的に作成されていたので、当初は金融業界が取り組んでいましたが、やがて全産業界に波及していきました。

　白書には、リスク管理における業務継続計画の策定からフィードバックまでの手順が、次の通り書かれています。

計画要件の定義——業務継続計画の範囲やリスクの種類などを明確にします。

資産の評価と損害額の試算——自社が保有する資産をもらさずリストアップし、その時価を算定します。これをもとにして被害額の試算を行ないます。

事業に与える影響——リスクの種類から、各事業に与える影響の大きさも見積もります。

復旧戦略を含む具体的な計画策定——復旧を果たす道筋を行動計画にします。

運用体制の確立・整備——行動計画推進の体制づくりです。

導入・訓練・評価・改善のプロセスを検証した計画の改定——実施訓練します。

3 理論の利点と欠点
金融業界以外の企業に適用しづらい

　白書の業務継続計画は、極めて整然とした体系的な手順です。しかし、それは金融機関が対象なので、金融業界以外の企業に共通するリスクの種類と内容・運用体制については、それぞれの企業が個別に確定しなければならないという欠点があります。

　たとえば、工場をもっているかどうか、海外に事業を展開しているかどうか、食中毒や薬害などの危険性があるかどうかなどがそうです。

　白書を利用するには、まずリスクの種類と内容について確認します（67ページ参照）。リスクの種類と内容は、大別して10種類あり、種類別に性格や発生頻度などが異なります。これに対応する部門を特定し（組織図の公式名称で）、種類別に明記します。2部門以上に関連するリスクもあるので、連携の仕方と役割分担を明確にする必要があります。

　次に、種類別のリスクの内容について、具体的事例をすべてあげます。67ページでは、便宜上代表事例のみ記載しています。各企業で事例は異なるので注意してください。

　運用体制は、日本企業で進められているタイプを紹介し、理論の欠点を補います。運用体制の基本型は2タイプで、専門部門による推進と、専門委員会による推進に分かれます。自社で検討して2タイプから選択し、運用体制を決めていくことではじめて、白書の使いこなし方の出発点に立ったことになります。

リスクの種類と内容

リスク	担当部門と内容
1. 災害・事故リスク	→総務部門 事故、事件、自然災害（台風、地震、豪雨など）など
2. 海外リスク	→海外部門 海外テロ、政変または政情不安、通貨不安など
3. 営業リスク	→販売部門、マーケティング部門 得意先の倒産、債権回収または確保、納期遅れなど
4. 商品リスク	→生産部門、品質管理部門 異物混入、不良品、汚破損、成分表示、産地表示など
5. 環境リスク	→技術部門、研究開発部門、物流部門 土壌汚染、工場排水、大気汚染、騒音、排気ガスなど
6. 法務リスク	→法務部門、総務部門 企業倫理欠落、特許紛争、著作権侵害など
7. 労務リスク	→人事部門、総務部門 労働争議、企業年金、退職金問題など
8. 財務リスク	→財務部門、経理部門、法務部門 デリバティブ、不良債権処理、M&A、資金調達など
9. 広報リスク	→広報部門 役員・社員の違法行為、内部告発など
10. 顧客対応リスク	→販売部門 製品クレーム、窓口担当とのトラブル、ネット上の告発など

※資生堂の資料に著者が若干加筆したもの

4 使いこなし方

推進部門の長は上級職をおく必要がある

　リスク管理を、業務継続計画に盛り込んで効果的にリスクに対応するには、運用体制の確立と整備が必要です。これを、具体的に見ていきます（69ページ参照）。

専門部門による推進——自社・グループのスタッフ部門として、リスク管理部門を新設することです。規模が大きい企業に多く見られます。

　部門長は、取締役または執行役員以上であり、社長に直言できることが条件です。専門部門内には、監査チームをつくります。監査チームは、社内専任スタッフと社外専門家の混成です。社外専門家は、大学教授・専門コンサルタント・弁護士・公認会計士などが重用され、社内専任スタッフは、各部門の業務に習熟した課長クラスから選抜します。

　各部門とグループ企業には、兼任のリスク担当を配置し、常に連携を密にして情報交換を円滑にします。

専門委員会による推進——自社・グループ全体のリスク管理を担当する専門委員会を新設します。中規模以下の企業に多く見られます。

　委員長は、常務以上の役員とします。社長に直言できるだけの地位が必要です。委員には、各部門とグループ企業の責任者がなり、定期または随時委員会に参画します。実務は、社内メンバーと社外専門家で構成された監査チームに託します。

リスク管理体制とそのタイプ

専門部門による推進

```
専門部門
部門長：取締役以上
（執行役員含む）
  監査チーム
  社内専任スタッフ ｜ 社外専門家
```

- 自社グループのスタッフ部門としてリスク管理専門部門を新設する
- 部門長は、取締役または執行役員以上とする。社長に直言するためである
- 専門部門内には、社内専任スタッフと社外専門家による監査チームをつくる。監査チームは、随時テーマまたは特定部門を監査し、問題の発見と対策の実施を行なう
- 各部門・グループ企業には、リスク担当（兼任）を配置し、情報交換を円滑にする

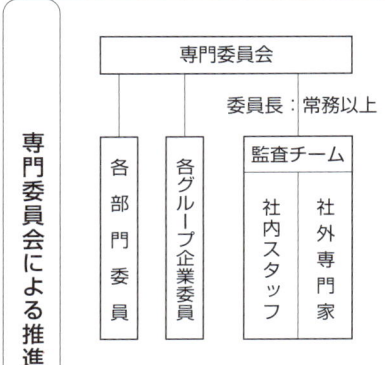

専門委員会による推進

```
専門委員会
        委員長：常務以上
各部門委員 ｜ 各グループ企業委員 ｜ 監査チーム
                          社内スタッフ ｜ 社外専門家
```

- 自社グループ全体のリスク管理を担当する専門委員会を新設する
- 委員長は、常務以上の役員とする。委員は、各部門とグループ企業で任命し、随時参画する
- 委員（兼任）だけでは、部門内またはグループ企業内のリスク管理は徹底しえない
- 監査チームを社内スタッフ（委員）と社外専門家でつくる。監査チームは、随時チームまたは特定部門を監査し、問題の発見と対策の実施を行なう

第Ⅰ部　第1章　実効ある戦略・戦術のつくり方

第Ⅰ部　会社全体の問題や悩みを解決する戦略・戦術

5 ワークシートの書き方

専門部門では兼任もあることに注意する

　運用体制を具体的に作成するためのワークシートの要領は、次の通りです（71ページ参照）。

タイプの選択──専門部門の体制か専門委員会の体制かを選択します。大・中企業でも、グループ企業・店舗の多い企業は専門部門の体制を選びます。中規模以下で人員も多くない企業は、専門委員会の体制を選びます。

人の選任と記入──選択したタイプの空欄に、具体的に人を選んで記入していきます。

　専門部門の体制を選択した企業は、まず専門部門名を決めます。次に、経営者に直言できる人材を部門長に選び、実務を遂行するグループリーダーとチームリーダーを決めて、各部門からスタッフを選抜します。さらに、監査チーム名を決め、チームリーダーとして社外専門家を選びます。グループリーダーまたはチームリーダーをチーフとし、社外専門家をメンバーに複数人、入れます。

　専門委員会の体制を選択した会社は、まず専門委員会名を決めます。委員長には、経営陣に直言できる人材を登用して副委員長・部門委員・グループ企業委員を選抜します。なお、事務局委員を専任で業務に当てます。監査チームは、専門部門の体制を選択した場合と同じです。

　人員の選任を終了したあとに正式な辞令を出し、つくった業務継続計画に即して訓練し、具体的な運営上の問題を潰していきます。

●巻末ワークシート⑦

リスク管理体制のワークシート記入例

第Ⅰ部 第1章 実効ある戦略・戦術のつくり方

専門部門の体制

専門部門名[リスク管理室]

- 部門長 ： 徳川頼方
- グループ・リーダー： 安藤茂
- チームリーダー： 山本信一
- スタッフ ： 山田太郎
  和泉大地
  奈良和子

（吹き出し）グループリーダーかチームリーダーがリスク担当も兼任する

監査チーム名〈リスク支援〉

- チームリーダー： 鈴木和夫
  （社外専門家）〈弁護士〉
- チーフ ： 山本信一
- スタッフ ： 山田太郎
  和泉大地
  本多正
  （コンサルタント）

専門委員会の体制

専門委員会名[リスクコントロール]

- 委員長 ： 織田信
- 副委員長 ： 斎藤勝
- 部門委員 ： 柴田一雄
  北条氏邦
- グループ企業委員： 毛利新助
- 事務局委員 ： 山川一郎
  島津吉之助
  加藤めぐみ

監査チーム名〈リスク〉

- チームリーダー： 山内康豊
  （社外専門家）〈コンサルタント〉
- チーフ ： 斎藤勝
- スタッフ ： 山川一郎
  島津吉之助

第Ⅰ部 会社全体の問題や悩みを解決する戦略・戦術

✛ 戦略・戦術のサプリメント① ✛
世界最古の戦略理論は？

● **元祖・戦略理論といえば『孫子』**

　世界最古の戦略理論は、『孫子』（48〜55ページ参照）です。孫子は、紀元前500年ごろに呉の孫武によって原本が書かれたといわれる書物で、三国志の曹操の手で13編に編纂されました。世界でも広く読まれ、現在でも研究・引用される普遍性も備えています。

　たとえば日本では、武田信玄が孫子から引用した風林火山の軍旗を使ったことで有名です。

● **情報を重要視した現代でも通用する理論**

　紀元前の加持祈祷が大勢を占めていた時代に書かれたにもかかわらず、戦略の考え方を整理し、「敵を知り己を知れば、百戦すれども危うからず」という名言からもわかるように、情報を重視するという卓越した現代性をも併せもっています。

　戦略は、古代ギリシアの軍人クセノフォンが使ったSTRATEGIAが語源ですが、こちらは将軍の命令程度の意味でしかありません。そのため戦略理論としては、クセノフォンよりも孫子のほうがあきらかに優れているといえるのです。

CHAPTER 2

第2章

戦略・戦術を生かす推進体制の整備法

8 合理的に決めたい

9 人がなかなか育たない

10 戦略を全員に徹底させたい

8 合理的に決めたい

検索

➡ **ディシジョンツリー**
　エイブラハム・ワルド
Abraham Wald：1950年代の数学者であり、統計学とゲーム理論を統合して体系化したことで有名です。

➡ **グループシンクの回避**
　アービング・L・ジャニス
Irving L. Janis（1918—1990）：アメリカの社会心理学者です。1971年に刊行した『グループシンク』は有名です。

［適用業種］全業種　　　［おすすめ度］★★★

1 問題と悩みのポイント

合理的に決定する方法が確立できていない

　あなたの会社では、「どうしてこんな決定が出るのか」と考えさせられることはありませんか。経験豊かで実績もある経営陣や管理者が集まれば、合理的な意思決定がなされるはずと考えがちだからです。しかし、現実には「賢いスタッフや役員なのに意思決定を誤る」「偏った意見に左右されて判断する」などの悩みが増えています。

　これと同じ問題や悩みを、ほとんどの企業でも抱えています。多くの企業で同じ問題や悩みを抱えているということは、集団や組織での戦略意思決定を合理的に行なう方法が、今でも確立できていないことを裏付けているのです。

　さらに、集団では、独特な心理の罠であるグループシンク（Group Think＝集団浅慮）が潜んでいます。

2 問題を解決する戦略・戦術

経営上の意思決定のほとんどに利用できる

　いろんな角度からの視点で、合理的に戦略的意思決定を行なうのに利用できるのが、エイブラハム・ワルドのディシジョンツリー（Decision Tree＝意思決定の木）です。経営上の意思決定では、そのほとんどに活用できるほど利用範囲が広く、実務的な理論です。

　ディシジョンツリーでは、決定すべき事項（決定ノードといいます）を決め、その事項を考えられるかぎりの決定内容に分けます（事象分岐ノードといいます）。決定内容も、考えられる選択行動（結果ノードといいます）に分けます。結果ノードでは、それぞれ発生する確率と予測される利得を求め、両項目の掛け算で期待利得を出します。

　あらゆる情報を収集し、考えられる選択肢に妥当な評価ができれば有効に使えます。

　ただし、予測確率の多くが主観的なため、予測した利得は必ずしも客観的メリットではありません。たとえば、利得が金額なら客観的ですが、77ページのように雨にぬれたダメージは主観になります。

　利用する数値のすべてが客観的データとはかぎらないのですが、経営問題での多くの課題には、客観的データで表わしにくい主観的データ（予測値や期待売上など）が使われます。主観的データの問題点は、意思決定に参画する人によって確率や利得が大きく異なるということです。つまり、どの人の主観を妥当とみなすのかが、ポイントになります。

3 理論の利点と欠点

グループシンクで合理性を欠く恐れがある

　主観での意思決定は、個人差が大きく、情報の信頼感が薄くなります。たとえば、77ページの例では、危険を避けたい保守的なメンバーが集まると、雨にぬれた場合を恐れて傘を持たせようとします。要するに、主観では合理的な決定が、必ずしもできるとはかぎらないのが欠点なのです。このようにして、集団や組織で誤った判断になりやすいことを、グループシンクと呼びます。

　逆にいえば、主観による欠点をカバーする策を事前に立てて実行できれば、合理的な戦略的意思決定ができるようになります。そのために有効なのが、アービング・L・ジャニスのグループシンクの回避策です。

　この回避策では、グループシンクの典型的な現象を明確にしています。77ページのaにある「選択できる代替案や他の意見を探索・検討しない」は、ほとんどの企業で見られますが、たとえば、役員への上申案だけを討議し、可否判断していることです。

　有力な代替案や反対意見が議論されることは、ほとんどありません。しかも、経営陣や上級管理者があらかじめ結論をもっていたり、ある個人に不都合な発言をする人をメンバーから外すケースも多く見られます。

　食品偽装や不正会計の多くで、似たような現象が出ています。グループシンクを防ぐだけでなく、合理的な戦略的意思決定のため回避することも大切です。

ディシジョンツリーとグループシンク

ディシジョンツリー（意思決定の木）

〈決定ノード〉：傘を持って外出すべきか

- 持つ → 天気は〈事象分岐ノード〉
  - 晴・雲 70% → 傘が荷物に（−5）〈結果ノード〉　−5×70%＝−3.5
  - 雨 30% → 傘がありがたい（+10）　+10×30%＝3.0
- 持たない → 天気は
  - 晴・雲 70% → 予測通り（+10）　+10×70%＝7.0
  - 雨 30% → ぬれて最悪（−15）　−15×30%＝−4.5

その人の気持ちによって数値が変わるので合理的とはいえない

↑ 影響し決定を誤らせる

グループシンク（集団浅慮）

a. 選択できる代替案や他の意見を探索・検討しない
b. 目的や目標を十分に検討しない
c. 意思決定による影響や結果を十分に予測・検討しない
d. 必要な情報を十分に収集しない
e. 前に否定した代替案を再吟味しない
f. 都合のよい情報しか考慮しない
g. 状況が急変した場合の対応策が検討されない

4 使いこなし方

内輪だけで決めず、客観的な第三者を登用する

　戦略的意思決定に重要なのは、意思決定メンバーの選出から情報収集・会議のすすめ方までを系統的に決め、両理論を生かすようにすることです（79ページ参照）。

ステップ1　異質なメンバーの参加をはかります。日本企業の会議はじつに長いですが、決定する事項の多さも目立ちます。そこで、専門家、または別の立場の意見をもつ異質なメンバーを、必要なだけ参加させます。

ステップ2　十分な情報収集を行ないます。意思決定のテーマに関する情報や予測データを、できるかぎり収集することが大切です。さらに、いろんな角度からクロスして点検できる情報源を、複数もつことも重要です。

ステップ3　オープンな討議の確保です。本当にオープン（公正、客観的）なら問題ないのですが、77ページのグループシンクa～gの事象が必ずといっていいほど見られるので、これを防ぎます。また、出された意見とその反論で時間を費やさず、目的や目標を十分に検討します。

ステップ4　客観的予測評価です。予測は、ほとんどが主観的データなので、81ページの例のように、天気の予測は、気象予報士か地元のお天気博士にまかせます。

　なお、マイナスの予測があると、極端な新手法の導入や新分野参入にためらう傾向が強くなります。使いこなすには、プラス面とマイナス面に工夫をし、前向きに取り組むことが不可欠です。

戦略的意思決定に重要な両理論の使いこなし方

ステップ1
異質なメンバーの参加
関係者だけでなく、意思決定に関する専門家などを参加させる。異質な意見や対策を提案してもらい、多面的な討議を可能にする

↓

ステップ2
十分な情報収集
意思決定に関連する情報・予測を可能なかぎり広く収集する。とくに、有力な反対意見やデータについてもモレなく集める

↓

ステップ3
オープンな討議
司会や議長が強引に誘導したり、都合の悪い意見にしつこく反対したりしない。客観的な第三者の立場の人が整理していく

↓

ステップ4
客観的な予測評価
意思決定の目的・目標を見失わず、妥当な選択肢と予測の評価を行なう。とくに、マイナス評価に過剰に反応しないこと

第Ⅰ部 第2章 戦略・戦術を生かす推進体制の整備法

5 ワークシートの書き方

根拠のある有力な反対案を併記する

　グループシンクを回避するための工夫を盛り込んだ、ディジョンツリーを使うワークシートは、次の要領で作成してください（81 ページ参照）。

多数支持案の作成──多数の支持があった案のディジョンツリーをつくります。決定ノードと事象分岐ノードを決め、発生確率と予測利得の根拠を明記します。発生確率×予測利得で、期待利得を算出します。

有力反対案の作成──多数支持案と同じ要領で、ディジョンツリーをつくります。反対案の根拠が何かを、明確にします。

両論併記のディジョンツリーの作成──書き込みワークシートに多数支持案と有力反対案を記入して、両論を併記したディジョンツリーを完成させます。

　両論を併記するメリットは、多数支持と反対意見の対立点がはっきりする点です。

　単なる意見の相違として終わらせず、対立点での両者の根拠と解釈の違いを明確にして、議論を重ねて決定していけるのがポイントです。このワークシートを利用すれば、現時点のグループシンクを回避し、より合理的な戦略的意思決定ができます。

　ワークシートは、要約の一部として上申案の表紙に付けます。説明にも、両者とその対立点を入れてください。その効果は、大きいはずです。

● 巻末ワークシート⑧

「両論併記のディシジョンツリー」のワークシート記入例

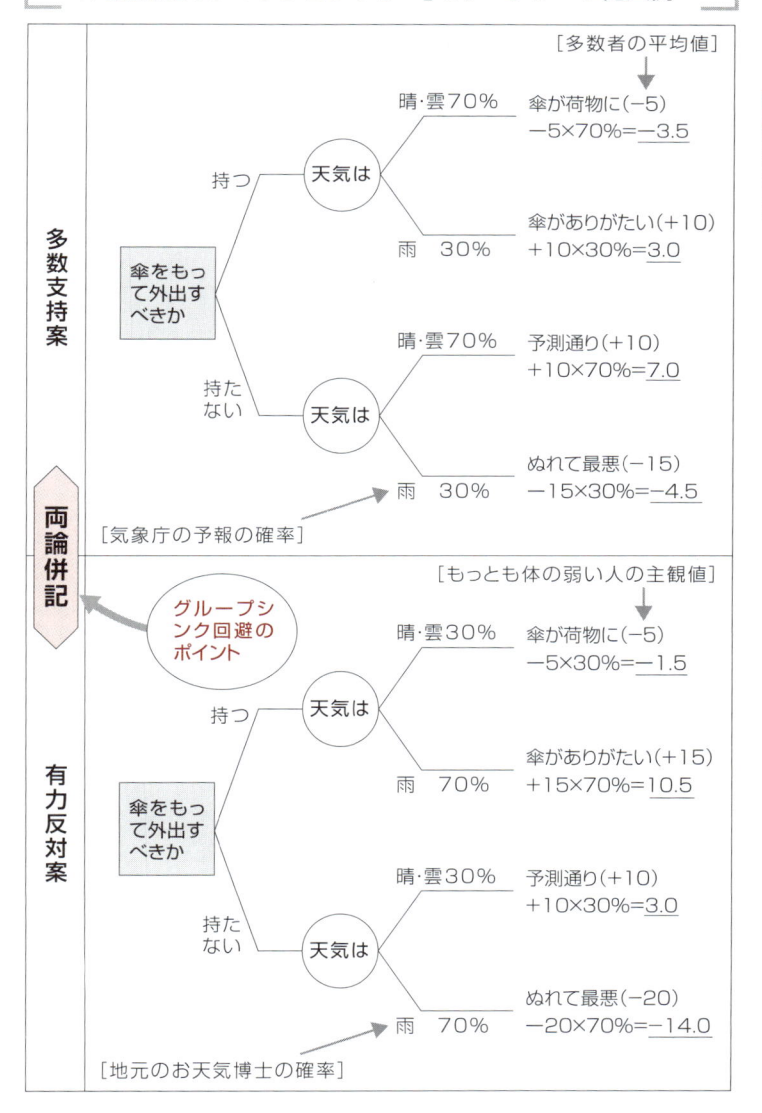

多数支持案

［多数者の平均値］

傘をもって外出すべきか
- 持つ → 天気は
  - 晴・雲 70% → 傘が荷物に（−5）　−5×70%＝−3.5
  - 雨　 30% → 傘がありがたい（+10）　+10×30%＝3.0
- 持たない → 天気は
  - 晴・雲 70% → 予測通り（+10）　+10×70%＝7.0
  - 雨　 30% → ぬれて最悪（−15）　−15×30%＝−4.5

［気象庁の予報の確率］

両論併記

← グループシンク回避のポイント

有力反対案

［もっとも体の弱い人の主観値］

傘をもって外出すべきか
- 持つ → 天気は
  - 晴・雲 30% → 傘が荷物に（−5）　−5×30%＝−1.5
  - 雨　 70% → 傘がありがたい（+15）　+15×70%＝10.5
- 持たない → 天気は
  - 晴・雲 30% → 予測通り（+10）　+10×30%＝3.0
  - 雨　 70% → ぬれて最悪（−20）　−20×70%＝−14.0

［地元のお天気博士の確率］

9 人がなかなか育たない

検索

⇒ **成長を促す仕組み**
マズロー
Abraham H. Maslow (1908—1970)：アメリカの心理学者です。

⇒ **従業員満足度**
サウスウェスト航空
アメリカのサウスウェスト航空：1971年に設立された短距離専門の航空会社です。以来高成長を実現し、『破天荒―サウスウェスト航空　驚愕の経営』(1997年刊)で日本にも紹介されています。

［適用業種］**全業種**　　［おすすめ度］★★★

1 問題と悩みのポイント

全員が満足する成果主義にできない

　多くの企業は、人件費総額の削減をめざしてアメリカ流の成果主義を導入しました。

　ところが、導入の目的が目先の問題解決だったことから、「有能な人材が退職してしまう」「人事評価と考課について不満をもつスタッフと、評価に自信がなくなり的確に説明しきれない上司との間がギクシャクしている」「士気低下が顕著だ」などの問題を引き起こしてしまいました。

　こうした問題は、成果主義の背景や日本人の特性を無視したために引き起こされたといえます。問題を解決するためには、「スタッフの成長を促す方法は何か」と「小手先の管理手法では従業員の満足度を高められないのか」に集約される疑問や悩みを解決していくことが大切です。

2 問題を解決する戦略・戦術

スタッフの成長促進に使える「欲求5段階」

　短期の業績評価中心では、スタッフの成長を促すのは難しいものです。そこで、マズローの欲求5段階が役立ちます。欲求の5段階とは、次の通りです（85ページ参照）。

生理的欲求──日常生活での衣住食の充足です。

安全の欲求──自分と家族の身におよぶ危険の排除、生活の保障などです。

親和の欲求──自分が所属する集団への帰属心や愛情の獲得などです。

自我の欲求──所属集団内での地位を築くことや、仲間から尊敬されることなどです。

自己実現の欲求──潜在能力や創造力の発揮などです。

　欲求5段階は、精神的な成長プロセスを示すほか、じつによく人間が求めるものを示しているという一面もあります。このため、企業は欲求5段階が賃金に変わるものとして考え、かつては、スタッフのモチベーション向上に利用したケースがたくさんありました。

　しかし、もともと企業が管理できないものだったため、この試みは失敗しました。

　ただし、小手先の利用でなく、スタッフの人間的な成長を促す枠組み（キャリアパスも含めて）としては企業の業務設計に利用できます。成果主義も、アメリカ流の渡り歩く人材対象でなく、日本人向けに人間的な成長を促すものにつくり変えれば、有効に使えます。

3 理論の利点と欠点
理論の真意を理解し長期に取り組む必要がある

　スタッフの成長を促す枠組みとして、マズローの欲求5段階を利用した典型的な事例は、アメリカのサウスウェスト航空（以下、SW航空）です。同社は、1971年に設立された短距離専門の航空会社で、設立以来、高成長を実現して『破天荒—サウスウェスト航空　驚愕の経営』（1997年刊）で日本にも紹介されています。

　ＳＷ航空は、教科書的な経営手法を採用しませんでした。

　経営戦略・経営方針は極めてドライです。その戦略は、飛行時間1時間以内の航路だけを対象とし、使用機種もボーイング737のみというものでした。

　一方、経営方針は、「顧客第二主義、従業員第一主義」を標榜した、日本的経営に近い大家族主義のチームワークを重視したものだったのです。個人よりチームの目標達成を重視して、全員を社内株主にし、利益分配を行ないました。また、スタッフには、「ユーモアのセンスを保ち」「自分の仕事に喜びを感じる」という価値観を徹底させています。

　つまりスタッフの、マズローの欲求5段階でいう「親和の欲求」を満たすことで、顧客満足度を向上させ、高い業績を実現させたのがSW航空のやり方です。マズローの理論を、額面でなく真意を理解して、会社の戦略・方針・業務設計に反映させた好例といえます。

　ただし、成果を出しきるには、長期的な取組みが不可欠だと心得ましょう。

マズローの欲求5段階で成功する使い方の例

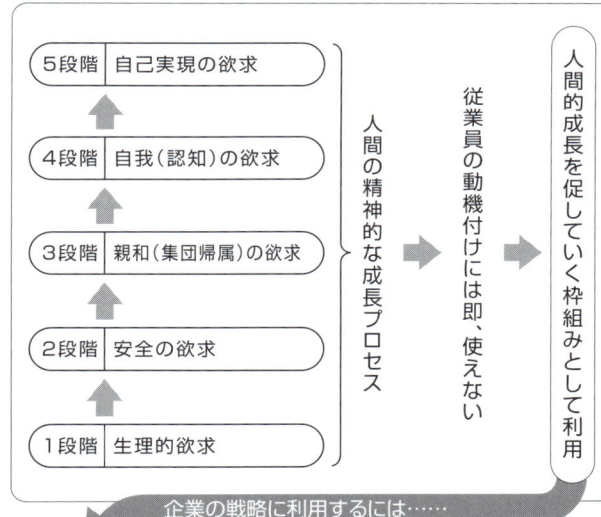

マズローの欲求5段階

- 5段階 自己実現の欲求
- 4段階 自我（認知）の欲求
- 3段階 親和（集団帰属）の欲求
- 2段階 安全の欲求
- 1段階 生理的欲求

人間の精神的な成長プロセス

→ 従業員の動機付けには即、使えない

→ 人間的成長を促していく枠組みとして利用

企業の戦略に利用するには……

サウスウェスト航空の従業員満足度

破天荒といわれる経営戦略
- 飛行時間1時間以内の航路
- 中小空港を拠点
- 使用機種は1種類のみ
- 座席指定や航空券なし
- 誕生日の乗客に全員でハッピーバースデー

必要条件 →

顧客第二主義 従業員第一主義を標榜している

しかし

顧客満足度 従業員満足度も高く高業績を実現している

← 十分条件

大家族主義でチームワーク重視
- チームワーク重視の採用と研修
- 「ユーモアのセンスを保ち」「自分の仕事に喜びを感じる」という価値観の徹底
- 利益分配を重視
- 全員が株主
- 離職率は非常に低い

第Ⅰ部 第2章 戦略・戦術を生かす推進体制の整備法

第Ⅰ部 会社全体の問題や悩みを解決する戦略・戦術

4 使いこなし方

定期点検と長期的取組みが成果主義を成功させる

　マズローの欲求5段階を利用する手順は、次の通りです（87ページ参照）。

ステップ1　経営方針の確立と経営戦略の策定です。スタッフの満足度を高めるための経営方針を決めます。経営方針は、会社を成長させる方向性と矛盾しないように整合させることが大切です。

ステップ2　組織体質の転換と制度設計です。スタッフの貢献活動を正しく評価し、貢献度に応じて処遇する透明度の高い組織であることが、満足度を高めるためには不可欠です。これを具体的に保つ業務・管理・評価の制度をつくり、仕組みにして機能させます。

ステップ3　本質的骨格の堅持です。日本企業では、目先の問題への対応重視で、すぐに手直しして本来の狙いを見失ってしまう事例が数多くあります。本来の狙いを堅持してスタッフの信頼をえるようにします。とくに、スタッフの評価は数値だけでなく、本人の自己評価・職務適性・意向を申告させ、上司と真剣に協議することが大切です。形骸化している企業が多いので、注意しましょう。

ステップ4　定期点検と長期的取組みです。制度が本来の機能を果たしているかどうかを定期的に点検し、問題点を抽出・解決していきます。SW航空では、顧客満足度と従業員満足度を3カ月ごとに点検しています。「継続は力なり」です。

欲求5段階を有効に使うためのプロセス

ステップ1　経営方針の確立と経営戦略の策定
- スタッフの満足度を高めていく全社活動の経営方針を確立する（必要により経営理念も変更する）
- この経営方針を盛り込んだ経営戦略を策定する。成長の方程式を組み入れていることが求められる

ステップ2　組織体質の転換と制度設計の実施
- 従来からの組織体質を大きく転換させる方策を立て、実施する
- 方策の狙いを忠実に反映させた業務・管理・評価の各制度をつくり直し、実施する

ステップ3　本質的骨格の堅持
- 目先の出来事に合わせて、すぐに制度の改善を行なう態度をとらない
- 経営がめざす本来の狙いに関連する本質的な骨格を変えず、経営者から担当まで一体となって直面する課題を解決していく

ステップ4　定期点検と長期的取組み
- 制度の効果を測定し、解決すべき課題を抽出していく。タイムリーに対策を立て、全社に徹底する
- 「継続こそ力なり」の言葉通りに長期的に取り組んでいく

5 ワークシートの書き方

自己評価と上司評価とのズレを見つける

　スタッフのキャリアパス（Career Path＝能力を高めるために行なう職場移動などのこと）を適正にするには、自己評価と意向確認が重要です。そのワークシートの記入要領は、次の通りです（89ページ参照）。

現在に至る職務履歴――入社以降の職務履歴を記入後、本人に能力発揮度・適性度・本人の意向を申告させます。

現在の職務内容と自己評価――職務の難易度・量・性格・能力・興味をスタッフが自己評価して、自分を客観的に見つめることを促します。

職務適性――今、求められている能力が、どれだけ理解できているかをスタッフに記入させます。

　本人の適性と不足する適性が把握できているかを確認し、総合判断を上司と相互に示します。この、ズレの確認が重要です。

本人の意向――現在の職務を続けたいのか、続けるにはどんな不満を解決すべきかを明確にします。キャリアパスを変えたいかどうかも、理由とともに確認します。このとき上司は、誠実に話し合うことが求められます。

　ワークシート記入後、上司と面談します。上司は、スタッフの意見を予断なく聞く態度が求められます。

　スタッフの意向が客観的に正当であれば、その意向の実現に向けて上司は努力します。スタッフの意向が一時の迷いや不満であれば、上司はこれを解消することに協力します。

● 巻末ワークシート⑨

キャリアアップのワークシート記入例

第Ⅰ部 第2章 戦略・戦術を生かす推進体制の整備法

1

職　種	<u>営業企画</u>
クラス	<u>担当職</u>
氏　名	<u>山田太郎</u>

(スタート時22歳) 営業企画担当職
(現在25歳) 営業企画担当職

自己評価：B
適性度：B
本人の意向：③

2 現在担当している職務内容

①現在あなたが担当している職務内容を具体的に記入してください。
・営業から提出されたデータの集計・分析
・支店・営業所別の販促計画のとりまとめ
・不定期の市場調査

②現在の職務を担当してどのくらいになりますか。
　　　　　年

3 現在の仕事の自己評価

現在担当している職務について自己評価してください。

項目	A	B	C	D	E
難易度				○	
仕事の量				○	
性格		○			
能力		○			
興味			○		
自己評価の総合判断		○			

3 職務適性

総合判断

	最適	適している	普通	あまり適していない	不適	わからない
(自己)	A	○B	C	D	E	F
(上司)	A	B	○C	D	E	F

4 本人の意向（翌期に向けて）

①現職務を続けたい

②評価に不満があるか
　A.ない　　B.ある　⇒ 理由

③キャリアパスを変えたいか
　A.現状のまま　○B.変えたい⇒
　希望　マーケティング部
　理由　会社全体の市場戦略や販売促進計画の仕事をしたいため

第Ⅰ部　会社全体の問題や悩みを解決する戦略・戦術

10 戦略を全員に徹底させたい

検索

➡ **バランス・スコアカード**
ロバート・キャプランとデビッド・ノートン

Robert S. Kaplan：1952年にアメリカで生まれた、現在ハーバード・ビジネススクール教授です。
David P. Norton：現在コンサルタント会社の社長です。
共著に『バランス・スコアカード』などがあります。

[適用業種] **全業種**　　　[おすすめ度] ★ ★ ☆

1 問題や悩みのポイント

戦略が現場まで届かず実行が担保されない

　戦略が、個人にまで徹底できていないとあなたは悩んでいませんか。この悩みは、じつに多くの人が抱いています。具体的には、経営戦略が個人の目標にまでブレイクダウンされないため、企業がめざす方向に向かって一致協力させられず、戦略の実行が担保されないという悩みです。

　経営戦略とスタッフの目標との温度差に、苦慮している経営者・管理者は多くなっています。
「担当の習熟度に応じた指標がない」「ノルマという業務目標はあるが、強すぎる数値管理の弊害が出ている」といった声も、経営戦略とスタッフの目標との温度差と同じく、戦略の実行が担保されない悩みです。担保されないため、目標管理自体の運用に支障が出るという問題にたどり着くのです。

2 問題を解決する戦略・戦術
コミュニケーションでブレイクダウンする戦略

　この悩みを解決するには、ロバート・S・キャプランとデビット・ノートンによる、バランス・スコアカード（Balanced Score Card 以下、BSC）が有効です。

　BSCは、戦略を4つの視点で業績評価することで、短・中・長期の経営目標間のバランスを取り、実績との比較と課題の抽出・解決というサイクルを通して組織学習も促す理論です。

　ここでいう4つの視点とは、財務・顧客・社内ビジネスプロセス・学習と成長です。4つの視点で、組織のスタッフの一人ひとりにまでコミュニケーション（組織的な学習過程）を取り、ビジョンと経営戦略を具体的に因数分解していく手法です（93ページ参照）。

　最大の特徴は、数値で表わす財務指標以外に3つの非財務指標も取り入れていることです。これは、売上高重視による賞味期限や食材の偽装表示といった不祥事のように、財務指標主体で顧客への配慮が欠けていた反省からきています。

　非財務指標でも、顧客などのアンケート調査を踏まえた指標の定量化に徹しています。定量化することで、各部門長やスタッフが納得しやすく、あいまいさがなくなるというところが、大きな利点です。

　従来の目標管理が上から下に降ろされる傾向だったのに対し、各職階で十分に話し合い、相互に納得して目標を決めていくコミュニケーション重視なことも注目点です。

3 理論の利点と欠点

上下関係が険悪では効果があがらない

　BSCは、経営陣・部門長・スタッフ間のコミュニケーションが良好なことを前提に成り立っています。さらに、会社の目標をスタッフ一人ひとりの目標に落し込むことが、理論を徹底するための基本です。

　そのため、部門長とスタッフのコミュニケーションが良好でないと、成果指標への信頼感がなく効果があがりません。また、数値目標は明解ですが、ノルマにすり替えられやすいうえ操作しやすいという欠点もあります。多くの企業で、数値目標にスタッフが不信を抱くのは、数値目標が決まるプロセスがブラックボックスになっているからです。

　さらに、チームで活動する業務が最近になって急増していることも、BSCを利用するうえでの問題点になります。たとえば、営業と研究開発、設計と製造の連携などですが、こうしたチームのメンバー一人ひとりが、いかに会社に貢献したのかが確定しにくいのです。

　BSCがコミュニケーションを前提とする理論であるにもかかわらず、顧客や取引先の本当の声を聞いていない会社も多く見られます。費用がかかるだけでなく、営業担当や研究開発担当などには耳の痛い話が出てくるからで、あえて先方の不満を隠すために、アンケートを実施しないケースも多々あります。

　こうした、BSC利用上の欠点を踏まえ、うまく運用できるかどうかが成果の大きさを左右します。

戦略をスタッフにまで徹底させるBSC

財務の視点

目標	指標	ターゲット	施策
顧客当たりの売上高向上	1人当たり売上高	15%アップ	新商品シリーズの投入

ノルマの言い換えになりやすい

顧客の視点

目標	顧客満足度の向上
指標	リピート率の向上
ターゲット	30%以上
施策	顧客へのローラー作戦

ビジョンと経営戦略
（ブレイクダウン）

社内ビジネスプロセスの視点

目標	顧客セグメントごとの提案強化
指標	提案書のモデルの登録
ターゲット	1人月2件の登録
施策	標準モデルの作成と研修の実施

学習と成長の視点

目標	指標	ターゲット	施策
登録提案書の活用	活用実績の把握	月100件以上	提案書データベースの構築

忘れやすい取組みも長続きしにくい

第Ⅰ部　第2章　戦略・戦術を生かす推進体制の整備法

4 使いこなし方

上司とスタッフが話し合いながら目標や計画を決める

　BSCの効果を引き出す手順は、次の通りです（95ページ参照）。

ステップ1　実現可能な戦略目標へのブレイクダウン（落し込み）です。経営陣と部門長が話し合い、部門に課せられたミッション（使命）をお互いに理解します。そのうえで、部門への具体的な戦略目標に落し込みます。大切なのは、落し込む戦略目標の的確さです。

ステップ2　戦略目標を、スタッフの業績とリンクさせます。部門長が、戦略目標をスタッフに説明して理解をえます。スタッフは、自分の業務の先行指標（顧客訪問数など、ビジネスプロセスでの重要な成功指標）を検討してから、再度、部門長と打ち合わせて提案採用件数などの成果指標と、採用件数月何件などの目標数値であるターゲットを決めます。

ステップ3　部門ごとの計画を立案します。部門長とスタッフで合意した成果指標・ターゲットに基づいて、損益計画・行動計画をまとめます。

ステップ4　フィードバックと学習により戦略・施策を修正することです。定期的、あるいは必要なときに実績と比較しながら、行動計画による施策・戦略オプションの検証を行ないます。当初の施策・戦略オプションが有効だとはかぎりません。有効なら、継続します。有効でなければ、施策と戦略オプションを修正します。

BSCを効果的に使うための手順

ステップ1
実現可能な戦略目標へのブレイクダウン
- 経営陣と部門長で部門ミッション(使命)をともに理解し、具体的な戦略目標に落し込む

ステップ2
戦略目標をスタッフの業績とリンクさせる
- 戦略目標を部門長とスタッフで話し合い、スタッフの先行指標も考慮して成果目標とターゲットを決める

ステップ3
部門ごとの計画を立案する
- 部門の損益計画・行動計画にまとめる

ステップ4
フィードバックと学習により戦略・施策を修正する
- 定期的に実績との比較をしながら施策を検証し、必要に応じて施策と戦略を修正する

① 戦略目標は、経営陣と部門長との話し合いで決める
② 先行指標は、スタッフ同士の話し合いで決める
③ 成果指標は、部門長とスタッフの話し合いで決める

※上記の話合いには、必ず顧客・取引先のアンケート調査と収集した情報を利用する。

5 ワークシートの書き方

決めることはすべて納得いくまで話し合う

BSCで戦略目標を個人の目標に落し込む要領は、次の通りです（97ページ参照）。

目標内容の取決め——4つの視点ごとに1～3つの目標を決めます（97ページの例では1つだけ記載）。

目標別に成果指標を特定して、めざす数値・状態の目標値という具体的なターゲットを決めます。成果指標にどの程度のウェイトを置くかも重要な合意事項です。戦略と個人の考え・行動を結びつけるため、上司とスタッフが納得いくまで話し合うことが大切です。ウェイトは、全体で100ポイントにして成果指標別に配分します。

評価——目標と成果指標は、期間の経過後に実績と対比されます。対比するときは上司とスタッフで十分に検討し、今後の挑戦に前向きになるようにしていくことが重要です。実績が正確に把握されたのちに達成度が計算されます。成果指標別の達成ポイントは、ウェイト×達成度のポイント数で求められます。

この手順で4つの視点を合計しますが、スタッフはこの合計ポイント数で評価されます。

目標内容が決まったら、上司とスタッフは共同・連携して業務の改善・再設計に当たります。いかに、目標達成を可能にする環境を整備できるかは、上司の責任です。一方、スタッフは、目標達成のためにもてるかぎりの知恵と努力を傾けることが求められます。

●巻末ワークシート⑩

個人別目標管理のワークシート記入例

期間＿＿＿＿ 所属＿＿＿＿ 氏名＿＿＿＿ 等級＿＿＿＿		目標内容				評価	
		目標	指標	ターゲット	ウェイト（ポイント）	実績	達成度（％）
Ⓐ学習と成長の視点	1…	営業提案のデータベース入力	登録件数	月10件	20P	月8件	80%（16P）
Ⓑ社内ビジネスプロセスの視点	1…	顧客への企画提案能力の向上	企画提案の件数	月6件	20P	月6件	100%（20P）
Ⓒ顧客の視点	1…	新規取引先の開拓	開拓件数	月2件	30P	月1件	50%（15P）
Ⓓ財務の視点	1…	販売高の拡大	対前年同期比	10%アップ	30P	8%アップ	80%（24P）
		ウェイト×達成度＝ポイント数100P				75P	

第Ⅰ部 第2章 戦略・戦術を生かす推進体制の整備法

✚ 戦略・戦術のサプリメント② ✚
「日本人は戦略が苦手」なワケ

● 日本企業は組織の利害調整が優先

　アメリカのトップと日本のトップでは、リーダーシップの取り方が違います。

　アメリカでは、トップダウンで戦略を下に降ろします。一方、日本では、戦略の影響がある部門代表者たちの合意がないと、戦略が絵に描いた餅になります。つまり、部門単位の利害維持が第一なのです。

　このため、トップが決めた戦略は、部門間の調整を難しくするとして軽視されるのです。

● 利害を離れた構想力をもつ部門長がいない

　所属部門の利益が優先すると、現状を維持したがるようになります。現状の利害関係を変えたくないので、全社の売上・収益が倍増したときの組織体制・システムを考えることさえ避けるようになってしまいます。

　企業を発展させるためには、部門長が部門の利害を離れて全社の将来図を描くことが求められます。しかし、実際には、全社の将来図と自部門のあり方について議論している部門長など、ほとんどいないのです。

第II部
部門の問題や悩みを解決する戦略・戦術

第Ⅱ部では、事業部門や機能部門レベルでよく聞かれる、代表的な問題・悩みについて取り上げています。

　第1章では、事業部門の競争力・収益力を高めようとするときに出てくる問題・悩みについて取り上げ、第2章では、組織の機能を強化していくうえでの問題・悩みについてそれぞれまとめました。

第1章

部門の競争力・収益力を高める法

1. 事業不振の原因がつかめない
2. 既存事業を甦らせたい
3. 成功する新規事業を確実に選びたい
4. 製品や仕組みを大きく改革したい
5. 独創的な製品・サービスをつくりたい
6. 主販売地域でライバルに勝ちたい
7. 相手の打つ手を読んで大きな売上・利益を得たい
8. インターネットで売上を伸ばしたい
9. 自社の組織の強みを生かしたい

1 事業不振の原因がつかめない

検索

➡ **事業の3定義と現実とのズレ**
ピーター・F・ドラッカー

Peter F. Dracker（1909—2005）：もっとも著名な経営思想家です。日本でも数多くのファンがいます。

[適用業種] **全業種**　　[おすすめ度] ★★★

1 問題や悩みのポイント

不振の原因の見つけ方がわからない

　あなたは、売上低迷や収益悪化に苦しんでいませんか。その状況をなんとかして打開したいと考えていますが、本当の原因を突き止められないままではありませんか。実際、多くの企業でも、売上低迷への対策が一向に効果をあげないという事態に陥っています。

　この問題を打開するには、低迷、または低収益事業の「どこを点検すればよいのか」を解決しなければなりません。点検すべき箇所を見つけるため、事業部門内では、毎月予算・実績の対比を行ないますが、有効な対策を立てられていないケースが多く見かけられます。

　有効な対策が立てられないのは、事業部門の人たちが、意外と事業の点検項目をわかっていないからです。

2 問題を解決する戦略・戦術

3定義に生じたズレで不振の原因を見つける

　事業の低迷や低収益を打開するため、どこを点検すればよいかを理解するには、ピーター・F・ドラッカーの事業の3定義を使うのが有効です。

　事業の3定義は、『未来への決断』(1995年刊)に記述されています。

　ドラッカーは『未来への決断』の中で、事業の低迷や低収益の真の原因は、事業開始当初の3定義が現実とズレを生じて陳腐化したことだと主張しています。つまり、陳腐化した項目を発見できれば、本当の原因を突き止められるということです(105ページ参照)。

　事業の3定義は、次の通りです。

環境としての市場——自社が対象とした顧客のニーズと購買行動です。競合企業でも同じ項目になります。事業の出発点です。

事業の目的と使命——事業を始めた目的と、顧客にどんな価値を提供していくのかという使命です。

事業の強みと弱み——自社が勝ち残るために、事業開始時に自覚、または獲得をめざした強みです。逆に、補強すべき弱みも確認していたはずです。

　以上の3定義が、現実には事業展開にしたがって現実とのズレを大きくし、陳腐化していることが不振の理由になります。つまり、現実を直視できず、その場の小手先の対策ですませてきたツケが回ってきたのです。

3 理論の利点と欠点

原因解明に有効だがズレの判定基準があいまい

　事業の３定義は重要で、数値の良し悪しを議論する前に点検すべき項目です。つまり、数値は結果であり、原因は事業の運営・管理のあり方なのです。

　この理論は、基本に忠実で、事業不振の原因解明に有効であるという利点があります。

　たとえば、顧客のニーズの変化に対応できず、競合他社の戦略も読み切れないという企業のケースがあるとします。原因は、事業開始当初の目的を忘れているからで、ゆえに、顧客に提供すべき商品の価値があいまいになっているのです。そうなると、自社の事業で獲得すべき強みもわからなくなり、補強すべき弱みにも手を打てなくなってしまいます。これでは、事業の低迷や不振は当然でしょう。

　こんな自明の事柄が、事業部門の人たちに見えていないケースはじつに多いのです。現実を直視し、抜本的に原因を解明して対策を立てることが必要なのです。

　この理論の欠点は、３定義とも事業ごとに戦略の内容は異なり、現実とのズレの判定基準も明確ではないというところです。しかし、事業ごとの違いは、３定義に該当する項目を承認された事業計画書から抜き出せば解決します。現実とのズレも、利用者が独自に基準をつくればよいのです。

　残る問題は、事業部門や関係者が現実を直視しない色メガネ（認知バイアスといいます）を外せるかです。この欠点を十分にカバーすれば、実務的に利用できます。

不振の原因がわかる事業の3定義

(事業の3定義) (事業不振の原因) (対策)

事業ごとに定義の項目内容は異なる

第1定義
[環境としての市場]
- 顧客の価値観と行動
- 競合企業の価値観と行動

第2定義
[事業の目的と使命]
- 事業が有する目的
- 事業が担う使命

第3定義
[事業の強みと弱み]
- 事業がもつ強み
- 事業がもつ弱み

[現実を直視しない] + [小手先の対策ですませる]

現実とのズレで定義が陳腐化した

→ 事業の価値観と行動を一変させる

→ 目的と使命を見直す

→ 獲得すべき強みと補強すべき弱みを明確にして実行する

認知バイアス（不都合なものを見ないクセ）＝色メガネ

第Ⅱ部 第1章 部門の競争力・収益力を高める法

第Ⅱ部　部門の問題や悩みを解決する戦略・戦術

4 使いこなし方

耳の痛い現実でも正確に記述することが重要

　事業の3定義を利用して不振事業を点検し、その原因を解明していく手順は次の通りです（107ページ参照）。

事業の3定義の抜き出し——事業開始が承認されたときの事業計画書から、事業の3定義を抜き出します。3定義とも必要な項目を記入しますが、現実と比較できるよう具体的に書くことが大切です。なお、事業計画書が開始後から大幅に改訂されていれば、改訂版のほうを使います。

事業の現状分析——事業の現状を詳細に調査し、3定義の項目について正確に記述します。顧客の評価など、耳の痛い現実でも忠実に記載してください。事業部門や関係者の調査だと甘くされそうなら、社外の専門家に依頼する手もあります。これは、自社と競合他社の実態を、中立の立場で強み・弱みを判定してもらうためです。

ズレの判定——事業計画書の内容と調査した現実を客観的に比較して、計画と現実とのズレが大きい項目を明確にします。このズレが大きいものに、事業不振の原因が潜んでいる可能性が高いのです。

必要な対策の立案と実施——ズレの大きい項目について、真の原因を解明します。競合他社が原因とするケースが多いのですが、自社競合（社内での食い合い）の程度を調べていない企業も多く見られます。原因を解明したら、それに対する有効な対策を立て、優先順位にしたがって実施していきます。

不振の原因を発見する手順

1. 事業の3定義の抜き出し

承認された事業計画書から事業の3定義を抜き出す

* 環境としての市場
* 事業の目的と使命
* 事業の強みと弱み

2. 事業の現状分析

事業の3定義に関する項目について現状を調査し、その実態を正確に把握する

3. ズレの判定

事業計画書の定義内容と現状分析結果を客観的に比較し、ズレの大きな項目を明確にする。

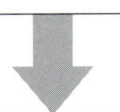

4. 必要な対策の立案と実施

ズレの大きな項目について、原因を解明し、有効な対策を立案し、タイムリーに実施する。

第Ⅱ部 第1章 部門の競争力・収益力を高める法

5 ワークシートの書き方

不振の原因かどうかをズレの大きさで判定する

　事業の3定義と現実とを比較するのに使う、ワークシートの記入要領は次の通りです（109ページ参照）。

事業の当初――3定義の6大項目の欄に、必要事項を記入していきます。たとえば、109ページの例にあるような、コンビニエンスストアの顧客への価値、利便性です。24時間・365日の営業こそ、いつでも来店できる大きな利便性です。

現実――現状を調査した結果を、正確に記入します。たとえば、利便性では、24時間・365日の競合店が多くなり、食品スーパー・総合スーパー・総菜ショップなども採用、または長時間営業にしています。つまり、当初は価値の高かった利便性はコンビニエンスストア特有のものではなくなり、顧客から見るとこれといった魅力にならず、来店者数減少の原因になっています。

ズレの判定――定義と現実とのズレが、どの程度かを判定します。ズレの中で問題にしていくのは、「大」、もしくは「中」と判定された項目です。たとえば109ページでは、利便性がズレ「大」になります。たくさんの顧客を店に呼ぶためには、集客につながるサービスや、独自商品の開発に大きな変革が求められているためです。

　大きなズレの出ている項目の真の原因を解明し、優先順位を付けていきます。優先順位の高い原因に対策を立て、タイムリーに実施してください。

● 巻末ワークシート⑪

ズレを発見するワークシート記入例（コンビニエンスストア）

3定義の項目		事業の当初 （または改訂版の定義）	現　実	ズレ大	ズレ中
環境としての市場	顧客の価値観と行動	●10代後半〜30代前半の男性中心に近場で買物をすませたい ●24時間365日営業で好きなときに利用できる	＊実際の居住者年代構成と大きく異なる ＊過剰な店舗数で利便性が薄れ、魅力にとぼしい	◎ ◎	
	競合企業の価値観と行動	●同業他社は同じタイプの店舗で追随 ●差別化ができない同一の品揃え中心	＊新業態11業態（2007年）も実験展開している ＊差別化商品の開発に注力	◎	○
事業の目的と使命	目的	●標準店舗のフランチャイズ展開 ●多店舗展開によるスケールメリットの追求	＊標準店舗の集客力低下とオーナー確保難 ＊スケールメリットが受けられる商品の不足	◎ ◎	
	使命	●半径300メートル以内の居住者への生活必需品をいつでも提供する（タイムコンビニエンス）	＊変わらず	—	—
事業の強みと弱み	強み	●高度な情報と物流のシステム ●小商圏での高密度出店（ドミナントエリア）	＊プラットホームとしてより高度化し多角利用 ＊かなり自社競合も増加	—	— ○
	弱み	●30坪と小規模で高効率を追求 ●店舗支持人口3,000人以上で採算に乗る	＊24時間営業の食品スーパー、ドラッグストア、ディスカウントストアに狙い打ちされる ＊中小チェーンを含めると店舗支持人口2,500人弱となる	◎ ◎	

第Ⅱ部　第1章　部門の競争力・収益力を高める法

2 既存事業を甦らせたい

検索

⮕ **デコンストラクション**
　ボストン・コンサルティング・グループ
The Boston Consulting Group：アメリカの経営コンサルティング会社であり、日本にも進出済みで有名です。著書に『デコンストラクション経営革命』などがあります。

⮕ **ビジネスモデル**
　ステートストリートバンク判決
アメリカの連邦巡回控訴裁判所が1998年に出した判決で、ビジネスモデルが特許としてはじめて認められました。

[適用業種] 全業種　　　[おすすめ度] ★ ★ ★

1 問題と悩みのポイント

小手先の改善では既存事業が活性化しない

　改善を加えただけでは、既存事業を活性化できないという経験を、あなたはしたことがありませんか。これは、顧客のニーズの変化が激しくなり、企業競争も激化して自社がついていけてないからです。

　顧客のニーズや外部環境の変化に適応して既存事業を活性化するには、「既存事業の業務の流れ（バリューチェーン＝Value Chain）を抜本的に変える」ことが不可欠です。「単に売上の向上だけでなく、収益構造も見直したい」とは、多くの企業が知恵を絞っている難題です。また、自社の成長に欠かせない「新市場開拓の切り札がほしい」という悩みもよく聞かれます。じつは、この2つとも、バリューチェーンを抜本的に変えることが必要な問題なのです。

2 問題を解決する戦略・戦術

解体・再構築と仕組みの変更で抜本的に解決する

　既存事業の業務の流れを抜本的に変える理論が、デコンストラクション（Deconstruction）とビジネスモデル（Business Model ＝事業の仕組み）です。両理論を組み合せて系統的に利用すれば、その問題の解決に役立ちます（113ページ参照）。

　デコンストラクションは、従来と違う視点で業界構造を再検討することで、競争力を生み収益性を高めるよう業務の流れを解体・再構成していくことです。提唱したのは、ボストン・コンサルティング・グループです。

　デコンストラクションによる解体・再構成の基本の4パターンは、定石として参考になります。

レイヤーマスター――特定の業務区分に特化します。

オーケストレーター――中核となるコア機能に特化します。

マーケットメーカー――複数企業の業務の間に割って入ります。

パーソナルエージェント――顧客に、どの会社の製品を購入したらよいのかを助言して支援します。

　この4基本パターンだけでは不十分で、仕組みも変えるのがビジネスモデルです。1998年のアメリカのステートストリートバンク判決で、ビジネスモデルも特許の対象になることが決まりました。法律上で権利が保護され、競合阻止の効果をもつようになりましたが、特許取得ができなくても有効な理論であることに変わりはありません。

3 理論の利点と欠点

法で守らないとライバルに模倣されてしまう

　デコンストラクションは、一気通貫型でコスト負担の重い事業を活性化するのに有効です。自社の強みを軸に、業務の流れを再構成していく方法が、導入しやすい利点です。

　しかし、4基本パターンだけでは、競合企業がかんたんに模倣できるという欠点があります。この利点と欠点は、ビジネスモデルについてもいえます。たとえば、インターネットを利用した商品販売のネット通販は、どんな企業でも導入できます。かんたんに模倣できるので、ネット通販のビジネスモデルでは競争力が生み出せません。

　しかし、ビジネスモデルが特許の対象になると、競合企業は模倣が難しくなります。

　他社が模倣する場合は、多額の特許使用料を支払わねばならず、勝手に模倣すると、特許の権利侵害でやはり多額の損害賠償が請求できるからです。合法的に模倣を阻止できる利点は、最大の強みになります。

　なお、ビジネスモデル特許でも、アマゾン・ドット・コムのワンクリック特許（最初に個人情報を入力すると、2回目から不要になる）のように、あまりに基本的な仕掛けでは競争力を生み出しません。事業の仕組みを大きく変えることが大切になります。たとえば、来店型ピザレストランから宅配のピザ・デリバリー事業への転換です。

　このように、理論の利点を生かしながら欠点を補う使いこなし方を、次から見ていきます。

デコンストラクションとステートストリートバンク判決

デコンストラクション

今までと違う視点で業界の構造を再検討し、競争力があり収益性を高めるバリューチェーン（仕事の一貫した流れ）を解体・再構成していくこと（バリューチェーンはマイケル・ポーターが名付け、価値連鎖と訳す）

- 第1パターン）レイヤーマスター
  特定の業務区分に特化する
- 第2パターン）オーケストレーター
  コア機能（複数の業務区分）に特化する

一気通貫型事業モデル
購買 → 生産 → 配送 → 販売 → サービス

- 第3パターン）マーケットメーカー
  複数企業の業務の間に割って入る
- 第4パターン）パーソナルエージェント
  顧客の情報収集・選択を支援する

ビジネスモデルを多様化させ、法的に権利保護される

ステートストリートバンク判決

- スポーク（1）A投資信託
- ポートフォリオ（ハブ）
- スポーク（2）B投資信託
- スポーク（3）C投資信託

日々資金を利回りによって移動させる

ビジネスモデルでも特許の対象となる

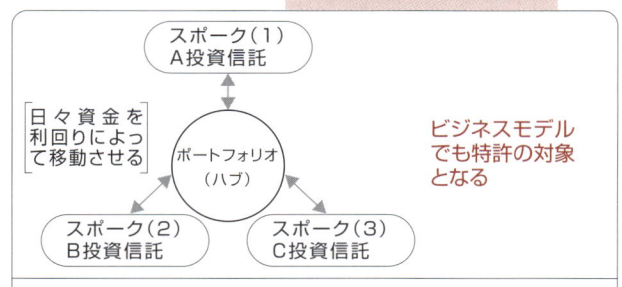

アメリカの連邦巡回控訴裁判所において、1998年にハブ・アンド・スポーク（投資信託運用のビジネスモデル）の特許無効の訴えを却下した
※特許取得者シグネチュア・ファイナンス社、無効主張ステート・ストリートバンク

第Ⅱ部 第1章 部門の競争力・収益力を高める法

4 使いこなし方

事業コンセプトの見直しでは付加価値を工夫する

　デコンストラクションとビジネスモデルを使いこなす手順は、次の通りです（115ページ参照）。

ステップ１　解体と再設計の視点です。事業の業務の流れにおける不振の原因を解明し、再構成していく切り口を決めます。

ステップ２　事業コンセプトの見直しです。見直しの切り口として、事業コンセプトに着目します。たとえば、食品スーパーでも、宅配型・作り立て総菜中心・ドラッグストア併設などです。

ステップ３　収益構造の大幅な変更です。見直された３つの事業コンセプトについて、その付加価値の付け方を工夫するのです。新しい付加価値は、実現性と実現したときの収益改善度が点検されます。この点検した結果を比較検討して、もっとも高い評価を受けた事業コンセプト案を最適な案とします。

ステップ４　最適案の事業計画を策定します。前の事業計画のつくり直しになります。スムーズに実行に移せるように、行動計画もつくり直します。

　大幅なデコンストラクションによってビジネスモデルを再設計する場合には、専門のノウハウが必要とされるケースが多くなります。専門のノウハウが必要になるときは、提携・合併などで社外から取り入れることも視野に入れます。

業務の解体・再設計の手順

ステップ1　解体と再設計の視点
今までの業務の流れ（バリューチェーン）を一度バラバラにし、どこに不振の原因があるのかを特定する。その後、原因となる業務の部分をどのように改良・革新していくのかを決める

↓

ステップ2　事業コンセプトの見直し
再設計した業務の流れを、新しい事業コンセプトで見直し、有力な３候補に絞り込む

↓

ステップ3　収益構造の大幅な変更
有力な３候補の収益源・付加価値の付け方を大幅に変更し、その実現度と収益改善度を点検し、最適案にする

↓

ステップ4　事業計画の再策定
最適案の事業計画を再点検し、実行に移す行動計画も合わせて、修正する

5 ワークシートの書き方

顧客の評価は図にするとわかりやすい

　114ページのステップ3で使うワークシートの記入要領は、次の通りです（117ページ参照）。

ビジネスモデル概要──ビジネスモデルの名称・参入企業、または業種・狙う顧客層を明示します。現状と再設計後の特徴も明確にしておきます。

顧客課題の解決度評価──狙う顧客の悩み・不満をどれだけ解消できるか、低コストでの調達・顧客が取引する際の利便性・ライフスタイルに合った商品の購入で5段階評価します。評価は、図示するとわかりやすくなります。

先端度と制約条件の評価──ビジネスモデルが、どれだけ普及率が低いかを確認し、導入時の制約条件の多さ・大きさも評価します。

　世界、または日本ではじめてであれば導入効果は高いのですが、制約条件は多くなります。

競合格差の評価──競合他社にどれだけ差が付けられるのかを点検します。点検項目は、品揃えの良し悪し・注文手段の多様性・価格競争力・運営におけるローコスト化の程度です。以上の項目を5段階評価して、点数を合計します。現状より高い点数が求められます。

　次に、付加価値の付け方について、その実現性と収益の改善度を十分に比較評価し、最適案を決めます。ワークシートで現実の不振原因を十分に解消しているかどうかを確認し、確実に解消していけるだけの行動計画を立てます。

● 巻末ワークシート⑫

ビジネスモデル再設計のワークシート記入例

比較項目		□現状			○再設計後	
ビジネスモデル		食品スーパー			宅配型食品スーパー	
参入企業または業種		食品スーパー、総合スーパーなど			コンビニエンスストア 食品スーパー、総合スーパー	
狙う顧客層		主婦			主婦、高齢者世帯、単身者世帯	
評　価		5	4	3	2	1
顧客課題の解決度	低コスト調達 一括購入				□ ○	
	取引の利便性 スポット購入	○			□	
	ライフスタイル に合った 商品の購入				○□	
ビジネスモデル の先端度				○	□	
ビジネスモデル の制約条件				○□（テリトリーに限界）		
競合格差	品揃え			○□		
	注文手段の 多様性			○	□	
	価格競争力			○□		
	ローコスト・ オペレーション					○
合　計		□＝18点			○＝25点	

第Ⅱ部　第1章　部門の競争力・収益力を高める法

3 成功する新規事業を確実に選びたい

検索

➡ **成長マトリックスとシナジー**
H・イゴール・アンゾフ

Harry Igor Ansoff（1918—2002）：ロシア生まれの経営戦略学者です。1965年刊行の『戦略経営論』は著名です。

［適用業種］**全業種**　　［おすすめ度］★ ★ ☆

1 問題や悩みのポイント

新規事業選びで成功したい

　すべての企業が、「なんとかして新規事業を成功させたい」と考えています。こう悩むのは、新規事業の成功率が100％にならないからです。多くの企業では、30～70％ですが、あなたの会社ではどうでしょう。

　また、「新規事業を成功させる秘訣はありますか」「関連多角化はどの程度、成功していますか」という質問がよくありますが、これは、「新規事業を成功させたい」ことと同じで、100％成功するわけではないことからきています。

　さらに悩ましいことに、自社にとっては新規事業でも、多くの競合企業がすでに進出済み、という現実もあります。こうしたことを踏まえ、自社の競争力を十分に考慮した新規事業選びが、今、求められています。

2 問題を解決する戦略・戦術

新規事業成功の確率がアップする戦略

　100％は保証できませんが、成功率を20〜30％高める理論が、H・イゴール・アンゾフの成長マトリックス（Product-market Growth Matrix）とシナジー効果（Synergy Effect＝相乗効果）です（121ページ参照）。

　成長マトリックスは、市場と製品（技術）の組み合わせでつくられる図表です。この図表から、4つの新規事業戦略が導き出されます。新規事業とは、新市場に新製品・事業で進出する多角化をさします。

　多角化戦略には4タイプあります。

水平型多角化戦略――既存事業分野で新市場に新技術の製品・事業を増やしていくことです。たとえば、乗用車メーカーがトラック事業を展開するなどです。

垂直型多角化戦略――バリューチェーンの上流または下流の分野に、新技術の製品・事業を展開することです。たとえば、メーカーが専門店を展開するなどです。

集中型多角化戦略――既存事業と関連する製品・事業を、新市場に投入していくことです。たとえば、乗用車メーカーがスポーツカーに進出するなどです。

集成型多角化戦略――自社ではまったく経験のない新市場・新技術に参入していくことです。たとえば、外食企業が介護事業に進出するなどです。

　シナジー面から評価すると難易度が付けられます。もっとも容易なのが、水平型多角化戦略です。

3 理論の利点と欠点
新規事業といっても、すでに競合他社がいる

　成長マトリックスの分類方法は、非常にシンプルなのが利点です。

　この理論では、あらたな売上・収益源を求める多角化戦略には、「シナジーが期待できないリスク」があると指摘しています。シナジーは、多角化成功のカギなのです。

　シナジーには、販売・生産・投資・管理の4種があります。これで見ると、もっとも容易なのが水平型多角化戦略で、もっとも難しいのが集成型多角化戦略です。

　ただし、現実の管理シナジーについては、十分に解明されているとは言い切れません。アメリカでも、集成型多角化戦略への推進を果たしましたが、管理シナジーを実現できずに撤退した企業が相次ぎました。

　もう1つの欠点は、成長マトリックス自体が自社から見た新市場・新技術なので、すでに競合他社が存在することです。そのため、選んだ新規事業は、他社との競争優位や顧客ニーズ・技術革新のスピードなどを十分に点検する必要があります。こうした点検項目をクリアするため、新規事業の候補選びでは、第一次フィルターをかけることになります。

　以上の欠点を考慮しても、新規参入する分野・事業群を特定し、新規事業を選定していくには有効な理論だといえます。候補を絞り込む基準としてシナジーに着目したことも、新規事業を成功させる要素としては重要です。あとは、実践で克服していく必要があります。

成長マトリックスとシナジー（相乗効果）

		市　場	
		既　存	新　規
製品（技術）	既存	市場深耕戦略	新市場開拓戦略
製品（技術）	新規	新製品開発戦略	多角化戦略

多角化戦略ではシナジーを期待できないリスクがある

多角化戦略のタイプ

容易
Ⓐ水平型多角化戦略
　同一分野で製品・事業を増やす

やや難
Ⓑ垂直型多角化戦略
　バリューチェーンの上流または下流に製品・事業を広げる

やや容易
Ⓒ集中型多角化戦略
　既存製品・事業と関連する製品・事業を新規市場へ投入・進出していく

難
Ⓓ集成型多角化戦略
　（コングロマリット型）
　まったく経験のない新市場に新製品・事業を投入・進出していく

シナジーの種類

ⓐ販売シナジー
販売チャネルや販売組織などを共通利用でき、低投資で収益を増加させられる

ⓑ生産シナジー
生産設備や要員などを共通利用でき、低投資で収益を増大させられる

ⓒ投資シナジー
大型設備や研究施設などを共通利用でき、大幅に設備投資を抑えられる

ⓓ管理シナジー
経営者や管理者などの能力・ノウハウなどを適用でき、問題処理・リスク対応などを的確にできる

第Ⅱ部　第1章　部門の競争力・収益力を高める法

4 使いこなし方

事業化計画案は、最低でも30案は出す

　成長マトリックスとシナジーを利用し、成功率の高い新規事業を選ぶ手順は次の通りです（123ページ参照）。

ステップ１　進出が容易な、シナジーが出しやすいタイプから選びます。つまり、筆頭候補は水平型多角化戦略ということです。

ステップ２　有望と見込んだ同一分野での新製品・事業の探索を行ないます。

　土地勘のある分野で、新製品・事業を細分化した図表にし、図表でリストアップされた事業の中から、魅力度・実現度での必要な点検項目を調査します。

ステップ３　事業化計画を策定します。少なくとも、30案程度の必要項目を、A4用紙で１〜２枚の事業化案にまとめます。

　事業化案では、30案を魅力度（市場規模、成長性、技術など）・実現度（競合の強さ、収益率、シナジーなど）で点検し、３案程度にまで絞り込みます。この３案については、調査項目を増やして事業化計画（あくまでも、事業化するかどうかを決めるために想定上の提携先などを盛り込んで立てる計画）を策定します。

ステップ４　事業化決定です。３案程度の事業化計画を精査して、最終的に１〜２案に絞り込みます。これで事業化が決定します。決定をくだす過程では、自社で展開するのか、提携・買収するのかなども検討します。

有望な事業選びを成功させる手順

ステップ1　容易なタイプから選ぶ

自社によってシナジー（相乗効果）を出しやすいタイプを選ぶ。
第1優先（容易）Ⓐ水平型多角化戦略 ← （125ページの事例）
第2優先（やや容易）Ⓒ集中型多角化戦略

ステップ2　同一分野での新製品・事業の探索

土地勘のある分野で新市場・新製品（技術）を細分化した図表にする。その中から魅力度・実現度を点検する必要項目を調べる
計画案は、30案は出す

一生懸命に考えてたくさん案を出すとプラスα的なよい案が生まれやすい

ステップ3　事業化計画の策定

30案の必要項目をA4で1〜2枚の事業化案にまとめる。30案を魅力度・実現度で点検し、3案程度にまで絞り込み、3案の事業化計画を策定する

ステップ4　事業化決定

3案の事業化計画を精査して、最終的に1〜2案に絞り込む。これで事業化を決定する。

5 ワークシートの書き方

販売シナジーと管理シナジーが期待できるものを選ぶ

　水平型多角化戦略を行なうため、新規市場・新規製品（技術）を選ぶのに使うワークシートの記入要領は以下の通り（125ページ参照）。判定は、○が「導入可」、△が「導入やや難しい」、×が「導入難」です。

新規市場の抽出——既存市場を包み込む市場があります。125ページでいえば、和菓子メーカーでは既存の和菓子市場を包み込む、菓子市場があります。また、和菓子の中でも、関連性のないせんべい・ようかんなどがあり、さらに、洋果子、スナック菓子も新規市場になります。

　新規市場の抽出では、販売チャネルや販売組織が共有できる販売シナジーと、経営者・管理者などの能力・ノウハウが使える管理シナジーが期待できることが求められます。

新規製品・技術の抽出——新規市場に対応する新規の製品・技術を抽出します。洋果子では、ケーキ、クッキーなど多岐にわたり、それぞれ必要な製品・技術もまったく違います。

　新規製品・技術の抽出の基準は、生産設備や人員などが利用し合える生産シナジーや、大型設備・研究施設などを利用し合える投資シナジーが期待できることです。

　基準に合う事業を選んだら、事業案を作成します。とくに、事業として成立するかどうかを左右する製品群の構成をどうすべきかは、十分に検討する必要があります。

● 巻末ワークシート⑬

[水平型多角化戦略のワークシート記入例（菓子メーカー）]

製品（技術） \ 市場		新規市場名（菓子）			
		洋菓子		スナック菓子	
		ケーキ	クッキー	ポテトチップ	ビスケット
新規	商品企画	ユニークなパティシエのネットワーク ×（難しい）	○	×（上位集中で差別化難しい）	○
	焼成	△	○	－（油で揚げる）	○
	品質管理	△（厳重）	○（通常）	○（通常）	○（通常）
	低温物流	△（チルド）	－（常温）	－（常温）	－（常温）
	返品・廃棄処理	△（厳重）	○（通常）	○（通常）	○（通常）

○＝導入可、△＝導入やや難しい、×＝導入難

第Ⅱ部 第1章 部門の競争力・収益力を高める法

> # 4 製品や仕組みを大きく改革したい
>
> 検 索

➡ 5つのイノベーション（創造的破壊）
ヨーゼフ・A・シュンペーター

Joseph A. Schmpeter（1883—1950）：チェコ生まれの経済学者です。1912年刊行の『経済発展の理論』が著名です。

[適用業種] **全業種**　　[おすすめ度] ★ ★ ★

1 問題や悩みのポイント

イノベーションを起こして自社を大きくしたい

　あなたも、「イノベーション（Innovation）を起こせたら」と考えたことはありませんか。企業を大きく成長させるイノベーションは、単なる製品改良やデザインの一新などではとてもおぼつきません。従来とは飛躍的に異なる、製品・サービスの提供が不可欠です。

　「中国などの低価格製品に勝ちたい」ので、付加価値のある新製品を開発したいとか、現市場で「市場シェアを大幅に伸ばしたい」「既存事業での行き詰まりを打破したい」ので、競合他社が扱わない技術を開発したいなどは、結局、イノベーションを起こすことが解決策になります。

　では次に、どうしたらイノベーションを起こせるのかが重要な問題になってきます。

2 問題を解決する戦略・戦術

５つの方法で新たな価値を生む

　イノベーションを提唱したのは、ヨーゼフ・A・シュンペーターです。

　イノベーションは、経済活動での旧方式を捨て去り、新方式を導入して新たな価値を生み出すことです。そういう意味では、よくいわれる新結合という和訳よりも「創造的破壊」のほうがふさわしいでしょう。

　このイノベーションには、5つの方法があります（129ページ参照）。

新しい財貨の生産──競合他社にない新製品・サービスをつくることです。よく知られる方法です。

新しい生産方法の導入──短納期や個別仕様などで、顧客満足度を飛躍的に高める生産方法の開発・導入です。

新しい販売先の開拓──新しい顧客や販売ルートを開拓することです。たとえば、電子商店街で拡販していくことも含まれます。意外と重要です。

新しい仕入先の獲得──新しい技術やノウハウなどをもつ仕入先を開拓することです。仕入先によって、自社の製品・サービスが飛躍的に向上していきます。

新しい組織の実現──これまでなかった製品の開発や販路の開拓で独占できる、または他社の独占を打破するほどの組織を生み出すことです。従来にない構造と意思決定システムを備えた組織が必要なのは、顧客や競合他社の動きに素早く対応するためです。

3 理論の利点と欠点

新しい財貨が単なる新商品と誤解されやすい

　企業の活動でイノベーションの大切さを説明したシュンペーターの理論は、イノベーションを生み出すのに5つの方法があることを明確にしています。明確にしたことで、企業の関係者は、自社がどう取り組むべきか焦点を合わせやすくなりました。ここが、利点の1つです。

　欠点は、イノベーションで生み出された新財貨が、単なる新製品・サービスの開発と誤解されがちなことです。パソコンも、ワープロや表計算の機械としてではなく、インターネットと接続して新しい通信手段となることで、はじめてイノベーションといえます。

　誤解を受けないためには、5つの方法を個別にとらえず、新財貨が末端の顧客に、新しい利便性やライフスタイルなどを提供することが求められます。

　ライフスタイルとは、人々の日常の過ごし方や住まいの構造・装飾などの基調になる、生活様式です。

　生活様式を一変させた1例は、携帯電話です。従来の電話は、固定式で一家に1台でした。一方、携帯電話は、小型軽量・コードレスなことから、1人1台の個人用コミュニケーションツールとしてもてはやされ、行動スタイルを一変させて爆発的なヒット商品になりました。

　改善や改良でなく、革新を生み出すにはどうすればいいかが、イノベーションを起こすときの問題になります。使いこなし方で見ていきましょう。

ライフスタイルを一変させる5つのイノベーション

イノベーションとは

経済活動（企業の事業活動）での旧方式を捨て去り、新方式を導入して新たな価値を生み出すことである。

シュンペーターは「新結合」と呼ぶ
- ○意味合いから「創造的破壊」がふさわしい
- ×日本での訳「技術革新」は誤まり

5つの方法がある

A. 新しい財貨の生産
新しい製品・サービスを開発し販売する

B. 新しい生産方法の導入
新しい生産の方法（技術も含む）を開発し工場に導入する

C. 新しい販売先の開拓
新しい販売チャネルや顧客を開拓する

D. 新しい仕入先の獲得
新しい部品・原材料をつくる企業と取引して自社製品の品質・機能の向上をはかる

E. 新しい組織の実現
業界での独占を形成する。または、その独占を打破する

〈5つの方法実現のための条件〉

最終の顧客に対して新しい利便性やライフスタイルなどを生み出すことが求められる

(例)
* 携帯電話
* インターネット
* 電子マネー
* セル生産システム
* 投資ファンド
　　　　　　など

第Ⅱ部 第1章 部門の競争力・収益力を高める法

4 使いこなし方

モニターから意見を引き出せばメリットが大きい

　イノベーションを起こす手順は、次の通りです（131ページ参照）。

ステップ１　旧方式の弱みの研究です。旧方式を徹底的に分析し、顧客から支持されない、または不平・不満である弱みを解明します。不満・不便・不自由・不快・不利などの「不」を研究すると、多くの弱みが明確になります。

ステップ２　新たな価値を見つけます。探すのは、弱みを克服して、新たな利便性やライフスタイルなどを生み出すものです。さらに、想定する顧客が積極的に購入し、生活や事業活動に大きな影響を与えるものになります。

　想定する顧客の反応が読み切れない場合は、何人かのモニター（実験などに参加する想定顧客層）に新しい製品のサンプルを使わせ、その意見を聞き出します。今後とも、顧客が使い方を独自に工夫していくためです。企業側が考えもしなかった意見やアイデアが出てくるというメリットもあります。

ステップ３　新方式の開発・導入です。新しい価値を生み出す新方式を開発し、市場に導入します。

　ここでいう新方式には、生産方法・仕入先・販売先・組織の４つがあります。新方式の導入には多大な投資が必要ですが、最終的に、投資に見合う売上・収益を確保しなければなりません。このため、実現性を十分に検討することが大切です。

イノベーションを起こす手順

ステップ1 旧方式の弱みの研究
ステップ2 新たな価値の発見
ステップ3 新方式の開発・導入

ステップ2:
弱みを克服して新たな利便性やライフスタイル(生活様式)などを生み出す。
(例)携帯電話
固定電話▶一家に1台、動かせない
携帯電話▶1人に1台以上、歩きながら話せる

ステップ1:
旧方式を徹底的に分析し、顧客から支持されない弱みを解明する
＊「不」の研究
不平、不満、不自由など

ステップ3:
新方式を開発し、市場に導入する。最終的に投資に見合う売上・収益を確保する
＊事業計画が重要

第Ⅱ部 第1章 部門の競争力・収益力を高める法

第Ⅱ部 部門の問題や悩みを解決する戦略・戦術

5 ワークシートの書き方

5つの「不」から新たな価値を見つける

　弱みを研究して新しい価値を発見する手順は、次の通りです（133ページ参照）。

対象となる製品・サービス名——旧方式で検討対象になる製品・サービスの名称を記入します。対象を分析し、5つの「不」について詳しく書き込みます。133ページの例なら、現金と釣り銭を使う個人と、販売先の立場で抽出します。

新たな価値——5つの「不」を解消する具体的な方法を記入します。133ページの例では、不満の欄にある財布の中の金額確認のわずらわしさに対して、事前に一定金額を登録しておくと決済時に自動的に補充する方法になります。わずらわしさがなく、いつも一定金額を確保できます。

提供できる利便性やライフスタイル——5つの「不」から新たな価値を探し、見つけた5つの価値を総合的に、特定の製品・サービスにまとめあげます。133ページの例では、新たな価値をまとめると電子マネーになります。カードや携帯電話に搭載する方式が採用可能です。現金を持ち歩かず、常に残高を気にせず、クレジットの与信枠や銀行の口座残高まで買い物ができます。さらに、レジでかざすだけでかんたんに精算できる様子は、新しい利便性の提供になります。

　新しい方式が発見できたら、事業として成り立つシステムを考えます。電子マネーを読み取るリーダー、入金の方法、携帯電話会社との交渉条件などです。

● 巻末ワークシート⑭

弱みの研究と新たな価値発見のワークシート記入例（電子マネー）

分析・発見 「不」の項目	製品・サービス名 [現金と釣り銭]	新たな価値	提供できる利便性やライフスタイル
不満	いつも財布にいくらあるのか確認しなければならない	一定金額を登録しておくと、自動補充（オートチャージ）できる	「電子マネー」の開発普及 ・事前入金（プリペイド）方式 ・クレジットまたは銀行口座からの事後入金（ポストペイ）方式 以上の２方式を開発する ◎まったく現金を持たずどこでもかざすだけで購入できる利便性を提供できる
不便	硬貨は重く、持ち歩きにくい	カードまたは携帯電話で使え、硬貨を持ち歩く必要なし	
不自由	財布に入れた金額の商品・サービスしか買えない	クレジットの与信枠、または銀行口座の預金残高まで使える	
不快	財布を落とすと現金のみ抜かれていることが多い	電話連絡すれば決済に使えないようにできる	
不利	釣り銭が切れないように、金種ごとに前日より用意しておかねばならない（販売側）	釣り銭が不要、または少なくできる	

第Ⅱ部 第1章 部門の競争力・収益力を高める法

5 独創的な製品・サービスをつくりたい

検索

→ **ブルー・オーシャン戦略**
W・チャン・キムとR・モボルニュ

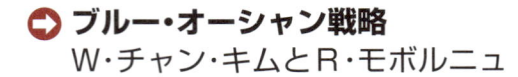

W. Chan Kim：現在 INSEAD（フランスの欧州経営大学院）の教授です。Renee Mauborgne も同じ INSEAD の特別フェロー兼教授です。2人による『ブルー・オーシャン戦略』（2005年刊）は日本でベストセラーになりました。

[適用業種] 全業種　　[おすすめ度] ★ ★ ☆

1 問題や悩みのポイント

自社にしかつくれないものを見つけたい

　競合他社との競争に明け暮れているため、「なんとか競争のない市場を開拓したい」と、あなたは思いませんか。同じ思いをしている人が、実際にはほとんどです。そこで、切り札として、「自社にしか作れない独創的な製品はないものか」と考えるのは自然な流れでしょう。

　製品開発上の問題としては、「他社との差別化製品・サービスを開発できないか」「低価格商品だけでは生き残れないのでなんとかしたい」という声があります。さらに、「狭いニッチ（隙間）市場でなく、主力市場で独自の地位を築きたい」などと、事業戦略自体を変えたいという希望もあります。これらはすべて、「自社にしか作れない独創的な製品はないものか」という悩みと同じ問題だといえます。

2 問題を解決する戦略・戦術

競争を無意味化する戦略

「独創的な製品はないものか」について、競争自体を無意味にすることに焦点を当てて、問題を解決しようとする理論があります。それが、W・チャン・キムとR・モボルニュが共同提唱したブルー・オーシャン戦略（Blue Ocean Strategy）です（137ページ参照）。

既存の競争戦略では、既存の市場空間で、類似製品・サービスの競争に終始し、目先の競合他社に勝つことに力を集中させることになります。これを、レッド・オーシャン戦略（Red Ocean Strategy）と呼びます。この戦略の典型は、ビールやデジタルカメラの市場です。参入企業は、どこも価格競争で体力を消耗しています。

こうした競争を無意味化しようとするブルー・オーシャン戦略では、まず、競争のない市場空間を開拓して、新しい需要を掘り起こします。そしてそこで、顧客と自社の利益になるバリュー・ブレイクスルー（Value Breakthrough＝価値創出の突破口）を実現することを狙うのです。

たとえば、理髪店は数が多く競争も激しいのですが、「10分1,000円」を掲げたQBハウス（理髪店の新業態）は、急激に店舗数を伸ばしています。フルサービスでなく、10分で散髪する単一サービスが顧客から支持されたからです。

なお、ブルー・オーシャン戦略とは市場の再定義のことで、ニッチ（隙間）市場を狙う場合と混同しないようにしてください。

3 理論の利点と欠点

時間とともにレッド・オーシャン戦略に陥りやすい

　従来の競争理論（40 ～ 47 ページ参照）を利用して、既存市場の中での差別化や低コストをいくら議論しても、現実には同質競争に陥る事例が多いものです。とくに、低コスト競争では、製品のクレームや安全面での配慮不足などに直面して顧客の信頼を損ねるケースが続出しています。

　こうした泥沼の競争を回避する理論として使えるのが、ブルー・オーシャン戦略の大きな利点です。

　しかし、特許やビジネスモデル特許などのように、法的に競合参入阻止の歯止めがないと、時間の経過でレッド・オーシャン戦略に変わる危険性があります。たとえば、フランス流の立ち飲みコーヒー店であるドトール・コーヒーは、スターバックス・コーヒーをはじめとする競合企業の参入で、激しい過当競争に直面しています。

　また、代替製品・サービスに市場を侵食される危険性もあります。たとえば、ソニーのウォークマンはブルー・オーシャン戦略の典型例ですが、アップルの音楽配信機能付き携帯音楽プレイヤー「iPod」により席巻されています。

　レッド・オーシャン戦略に変わってしまうかもしれないという欠点を、市場を再定義することで、自社が築いた地位のままいられるかどうかは不確定です。シュンペーターのイノベーション（126 ～ 133 ページ参照）と組み合わせることも必要ですが、この欠点を補ってあまりあるヒントがえられます。

市場を再定義するブルー・オーシャン戦略

レッド・オーシャン戦略
- 既存の市場空間で、
- 類似製品・サービスの競争に終始し（価値かコストか）、
- 目先の競合他社に勝つことに力を集中させる

〈従来の競争戦略〉

↓ 転換 →

ブルー・オーシャン戦略
- 競争のない市場空間を開拓し、
- 新しい需要を掘り起こし（価値とコストの両立）、
- 顧客と自社の利益になるバリュー・ブレイクスルー（価値創出の突破口）を実現する

〈新しい競争無意味化戦略〉

要諦
市場の再定義を行ない、競争のない市場空間を開拓することである

ツール
- 戦略キャンパス
- アクション・マトリックス

事 例

日 本	欧 米
● シネマコンプレックス（複合映画館） ● QBハウス（理髪店） ● ドトール・コーヒー ● ソニーのウォークマン 　　　　　　　　　　　　　など	＊スターバックス・コーヒー ＊サウスウェスト航空 ＊ブルームバーグ（ビジネス情報提供） 　　　　　　　　　　　　　など

第Ⅱ部 第1章 部門の競争力・収益力を高める法

第Ⅱ部　部門の問題や悩みを解決する戦略・戦術

4 使いこなし方

4つのアクションと組織の4ハードルに留意する

　提唱者が示したブルー・オーシャン戦略の手順は7段階あります。

　ここでは、簡便法の4ステップにして説明します（139ページ参照）。

ステップ1　現状の戦略キャンパスをつくります。戦略キャンパスでは、まず、対象市場での競争要因（横軸）を特定します。縦軸には、顧客が受けているメリットの大きさ、水準を示します。

ステップ2　市場を見直して再定義していく方向を決め、「付け加える」「取り除く」「増やす」「減らす」という4つのアクションで新しい戦略キャンパスをつくり直していきます。この作業で、新しい価値曲線を描きます。

ステップ3　事業戦略の策定です。新しい戦略キャンパスを、ビジネスモデルに組み立てます。このビジネスモデルを、実効ある事業戦略に落し込みます。

ステップ4　事業戦略の実行です。事業戦略は、あくまでも計画なので、実行に移す工夫が求められます。とくに、「現状追随の意識」「かぎられた経営資源の配分」「社員の士気」「利害関係者からの抵抗の排除」という、組織の4つのハードルに留意することがポイントになります。

　事業戦略は、単なる数値計画中心では機能しないので、事業推進に不可欠な障害を排除するよう、先行してすすめることが大切です。

ブルー・オーシャン戦略のすすめ方

ステップ1　現状の戦略キャンパスの作成

対象市場の現状分析を行ない、横軸に競争要因・縦軸にその水準を置いた「戦略キャンパス」を作成する

↓

ステップ2　新しい戦略キャンパスの立案

市場を再定義していく方向を決め、4つのアクションにより「新しい戦略キャンパス」につくり直す
＊4つのアクション▶「取り除く」「増やす」「減らす」「付け加える」の4項目

↓

ステップ3　事業戦略の策定

「新しい戦略キャンパス」を実際のビジネスモデル（事業の仕組み）に組み立て、事業戦略を立案する

↓

ステップ4　事業戦略の実行

事業戦略の実行に必要な組織面の4つのハードルと想定される障害を取り除く対策を盛り込み、実施していく
＊4つのハードル▶「意識」「経営資源」「士気」「利害関係者からの抵抗」のハードル

5 ワークシートの書き方

競争要因の水準の格差を大きくする

　ブルー・オーシャン戦略で使う、現状と新しい戦略キャンパスの作成要領を見ていきます（141ページ参照）。

横軸の競争要因──対象市場の現状分析でわかった、競争を左右する主な要素を横軸に記載します。141ページの例では、入場料・タイトルの多さなどです。

縦軸の水準──顧客への訴求効果が大きい競争要因の発揮水準（売上・収益アップへの貢献度の大きさ）を取ります。格差がわかるように4〜5ランクを設定して、上位1〜2ランクになれば顧客が満足するランクになります。

既存と新しい価値曲線の記入──既存競争企業の代表事例を使って、競争要因の水準をマークしていきます。このマーク同士を結んだ線を、価値曲線といいます。

　次に、市場の再定義という方向から考え出された、想定上の新ビジネスの価値曲線を記入します。141ページで例にしているシネマコンプレックスは、1つの映写室で6〜12スクリーンを管理し、数多くの映画が上映できます。映画館をハシゴしたいときでも、顧客は、1館1映画の映画館を回る必要がなくなります。

　競争要因の水準の格差が大きいほど、市場を再定義したことになります。シネマコンプレックスが既存映画館を駆逐しているのは、この格差が大きいからです。

　新しい価値曲線を忠実に反映させたビジネスモデルを完成させ、実現性の高い事業計画に落し込んでいきます。

● 巻末ワークシート⑮

戦略キャンパスのワークシート記入例(映画館)

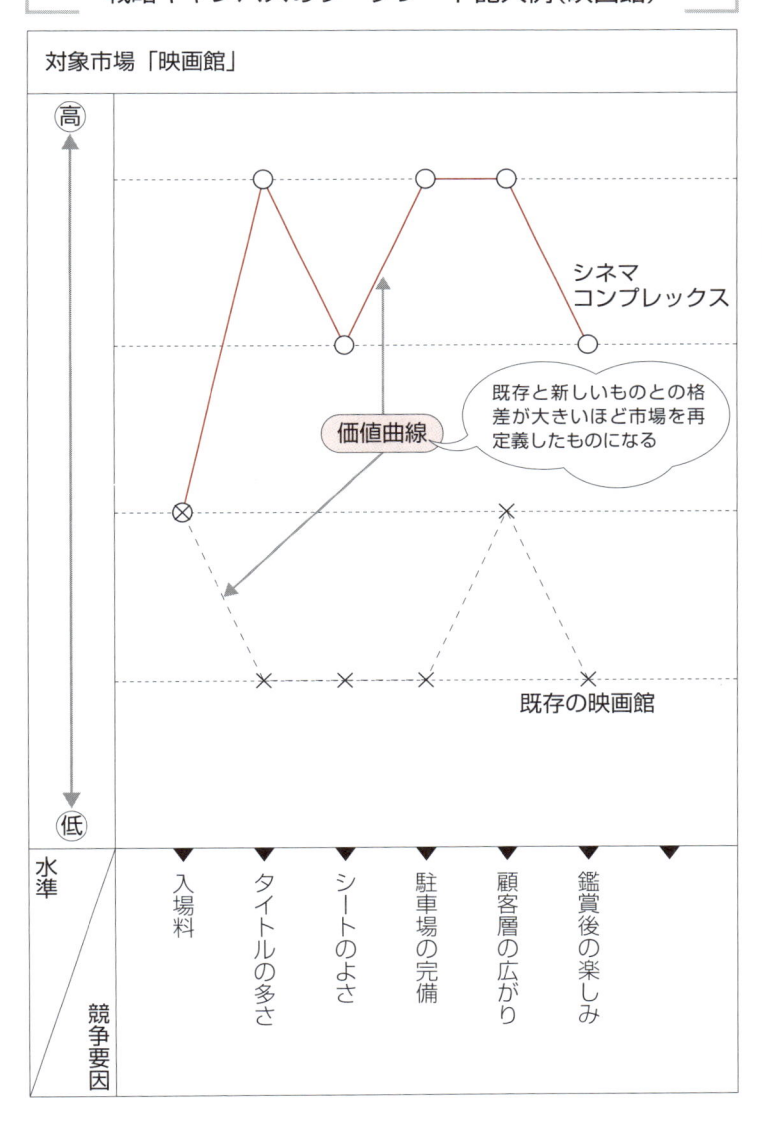

対象市場「映画館」

価値曲線

既存と新しいものとの格差が大きいほど市場を再定義したものになる

シネマコンプレックス

既存の映画館

水準 高 / 低

競争要因：入場料／タイトルの多さ／シートのよさ／駐車場の完備／顧客層の広がり／鑑賞後の楽しみ

第Ⅱ部 第1章 部門の競争力・収益力を高める法

第Ⅱ部 部門の問題や悩みを解決する戦略・戦術

6 主販売地域でライバルに勝ちたい

検　索

➡ ランチェスターの法則
　　F・W・ランチェスターと田岡信夫 他

F. W. Lanchester（1868—1946）：ランチェスターの法則を考案。アメリカのKoopman（コロンビア大学教授）が、兵力の補充・兵站などを範囲に含めた理論にしました。
田岡信夫（1927—1984）：ランチェスターの法則を経営に応用した経営コンサルタントです。代表作は『実践ランチェスター法則 競争市場攻略法』です。

[適用業種] **全業種**　　[おすすめ度] ★ ★ ★

1 問題や悩みのポイント

主戦場でライバルのシェアを奪えないか

　あなたの会社も、ライバル（主な競合企業）がいますね。独占企業でないかぎりは、常にライバルを意識しているはずです。なぜなら、ライバルに勝てば自社の売上・収益を向上させられるからであり、その意味で、企業にとって最大の関心事の1つともいえます。

「ライバルの市場シェアを奪えないか」「ライバルにない製品・サービスを開発・販売して出し抜けないか」などという悩みも、結局は、すべて「なんとかしてライバルに勝つ」ということに集約されます。

　ライバルに勝つ方法はいくつもありますが、ここでは、業績を左右する主要な販売地域で、ライバルのシェアを奪う、または引き離す方法を見ていきます。

2 問題を解決する戦略・戦術

状況によって戦略を変えてシェア逆転を狙う

　ライバルとの販売競争には、ランチェスターの法則が役に立ちます。この理論は、第一次世界大戦での空中戦から得た法則で、極めて実践的です（145ページ参照）。

　ランチェスターの法則は、空中戦での各軍の戦闘力を、残存戦闘機数と武器性能から説明しましたが、経営コンサルタントの田岡信夫氏はこれを経営に応用するため、以下の通り工夫しました。

第1法則（一騎討ちの法則）　戦闘機同士の戦いに持ち込み、武器性能の違いで勝つことです。これは、シェアの低い会社が採用する弱者の法則です。

第2法則（集中効果の法則）　戦闘機の数の多さを生かして勝つことです。これは、シェアナンバー1企業が採用する強者の法則です。

　このうち、ナンバー2以下の企業は、第1法則の弱者の法則が利用できます。弱者の法則では、「一点集中」「一騎討ち」「局地戦」「接近戦」「陽動作戦」がポイントで、要するに、ゲリラ作戦になります。一方、主販売地域での戦略では、「ナンバー1主義」「一点集中主義」になります。

ナンバー1主義　市場を細分化し、この市場でライバルに勝ち、シェアナンバー1を獲得することです。この細分化市場の数を、逐次増やしていきます。

一点集中主義　主販売地域に経営資源を集中して投入し、ライバルのシェアを奪って市場での地位を逆転します。

第Ⅱ部　第1章　部門の競争力・収益力を高める法

3 理論の利点と欠点

相手が局地戦に力を向けると有効に機能しない

　ランチェスターの法則の利点は、販売戦略として定石を明確にしていることです。

　強者は、ヒト・モノ・カネなど経営資源をもっているので、弱者がまともに競争しても勝てません。力量に合わせて勝てる戦いをすべきであると、じつに当たり前の戦略を提示しています。つまり、当たり前の戦略を確実に実行するのが大切であると確認できるのです。

　この理論では、強者のライバルが、あくまで全国販売に注力し、個別地域の戦いに力点を置けないという事情が変わらないことが前提条件になります。この前提条件が変わると、弱者の法則は有効に機能しません。

　また、ライバルとの敵対関係に特化して着目しているため、顧客の利益まで考えていないという欠点もあります。たとえば、企業間競争にこだわるあまり、食品の安全性やリサイクル表示などを損なうことです。

　規格戦略も考慮されていません。規格戦略とは、たとえば、次世代DVDの規格争いで汎用性がなくなり、顧客に不利益をもたらすということです。さらに、自社とライバルの消耗戦を早く切り上げ、事業を統合して効率化をはかる事業統合戦略も視野に入っていません。

　以上の欠点を踏まえて利用すれば、主販売地域でライバルを倒すための販売戦略の定石として十分に効果があります。一度、自社で試してください。

主戦場で相手を倒すランチェスターの法則

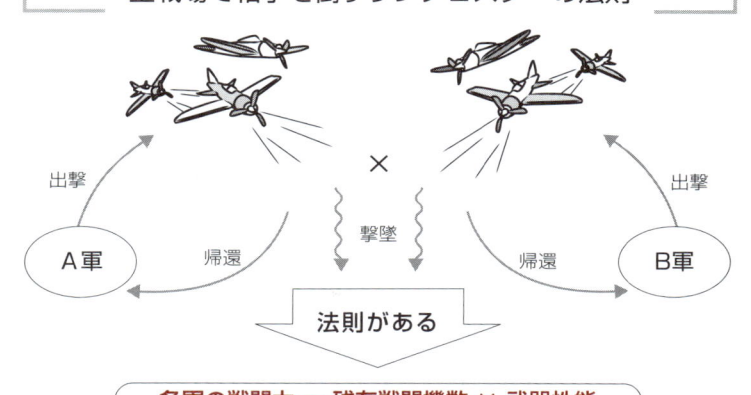

出撃 → A軍 × B軍 ← 出撃
A軍 ← 帰還 撃墜 帰還 → B軍

法則がある

各軍の戦闘力 = 残存戦闘機数 × 武器性能

当初(軍事作戦の方程式)

◎第1法則(一騎討ちの法則)
武器性能の違いが戦闘結果を左右する

適用 ▶ 弱者の法則
（シェアナンバー2以下の企業が採用する）

◎第2法則(集中効果の法則)
戦闘機の数を生かして戦闘を有利にする

適用 ▶ 強者の法則
（シェアナンバー1の企業が企業する）

田岡信夫(販売競争に勝つ理論)

弱者の法則

① 一点集中　④ 接近戦
② 一騎討ち　⑤ 陽動作戦
③ 局地戦

絞り込むと

Ⓐ **ナンバー1主義**
市場を細分化し、ここでナンバー1になる

Ⓑ **一点集中主義**
経営資源を一点に集中させる

第Ⅱ部 第1章 部門の競争力・収益力を高める法

4 使いこなし方

勝てそうな市場に、経営資源を重点配分する

　ランチェスターの法則を、販売戦略で使うときの手順を見ていきます（147ページ参照）。事例では、上位a社と追撃しているb社を自社と想定しています。

ステップ1　市場の細分化とシェア順位の算定です。全国市場を地域別・製品別・顧客別などに細分（セグメント）化して、市場別にシェアと順位を算定します。たいていは、シェアの逆転や小格差の細分化市場が発見できます。

ステップ2　勝てる細分化市場の特定です。どの細分化市場でも、各社の力の入れ方は大きく異なります。自社の認知度・技術・販売網・協力する卸売企業の力などが原因ですが、原因を解明して、勝てる可能性がある細分化市場・主販売地域を抽出します。

　149ページの事例では、ライバルと自社の市場シェア格差を、製品区分ごと・顧客別・販売チャネル別などで市場シェア格差を算定しています。

　格差が小さい、または逆転している細分化市場を抽出して細分化の成長余力や攻略の可能性を考え、勝てる細分化市場を決定します。

ステップ3　経営資源の集中です。勝てる見込みのある細分化市場に、ヒト・モノ・カネなどの自社の経営資源を重点配分（集中）させ、そこでナンバー1シェアを取りにいく戦略に結びつけます。つまり、ランチェスターの法則から得た「ナンバー1主義」を採用するのです。

チャレンジャーがトップを逆転するまでのプロセス

〈地元名(本拠とする地域名が入る)〉

順位	企業名	全国シェア
1	a社	35%
2	b社 (自社)	25%
3	c社	15%

自社がこの立場のときを想定して手順を考えると……

ステップ1
市場の細分化とシェア順位

全国を地域別・製品別・顧客別に細分化し、各々のシェアとその順位を算定する
(例) 日本酒メーカー ⇒ 都道府県の単位で見る
　　　　(全国メーカーと地酒メーカー)

ステップ2
勝てる細分化市場の特定

細分化した市場の中で、自社として勝てる可能性がある市場を抽出する
(例) 地酒メーカーとして勝てる地元を選ぶ

ステップ3
経営資源の集中

抽出した市場にヒト・モノ・カネなど自社の経営資源を集中させ、そこでナンバー1シェアを獲得する
(例) まず、地元で日本酒ナンバー1シェアとなる

5 ワークシートの書き方

勝てる市場は両社の市場シェアのわり算で導き出す

　146ページのステップ2「勝てる細分化市場の特定」で使用するワークシートの記入要領を見ていきます（149ページ参照）。

細分化市場の選定——細分化市場は、顧客別・販売チャネル別などで区分します。顧客別では、市場によって年代の区分が異なります。たとえば、化粧品では、17〜24歳がヘビーユーザーです。販売チャネルも主要取引企業別でもかまいません。記入例では、一般的な区分です。

市場シェア格差——ライバルの市場シェア÷自社の市場シェアで倍率を算出して、ワークシートに記入します。1以上の格差ではライバルが強く、1未満の格差なら自社が強いことになります。

　どんなに力のあるライバルでも、細分化した市場のすべての製品がシェアナンバー1であるケースは、極めてまれです。

勝てる細分化市場の特定——格差が小さい、または逆転している細分化市場がある地域を抜き出し、ライバルと自社とで共通する細分化市場の有無を確認します。149ページの場合なら、20〜30歳代の顧客を狙ってコンビニエンスストアやレストランを販売先に決めます。

　次に、勝つ条件を整えていきます。つまり、ライバルを上回る経営資源を投入していくための、行動計画と資金計画をつくることです。

● 巻末ワークシート⑯

勝てる細分化市場を特定するワークシート記入例（酒メーカー

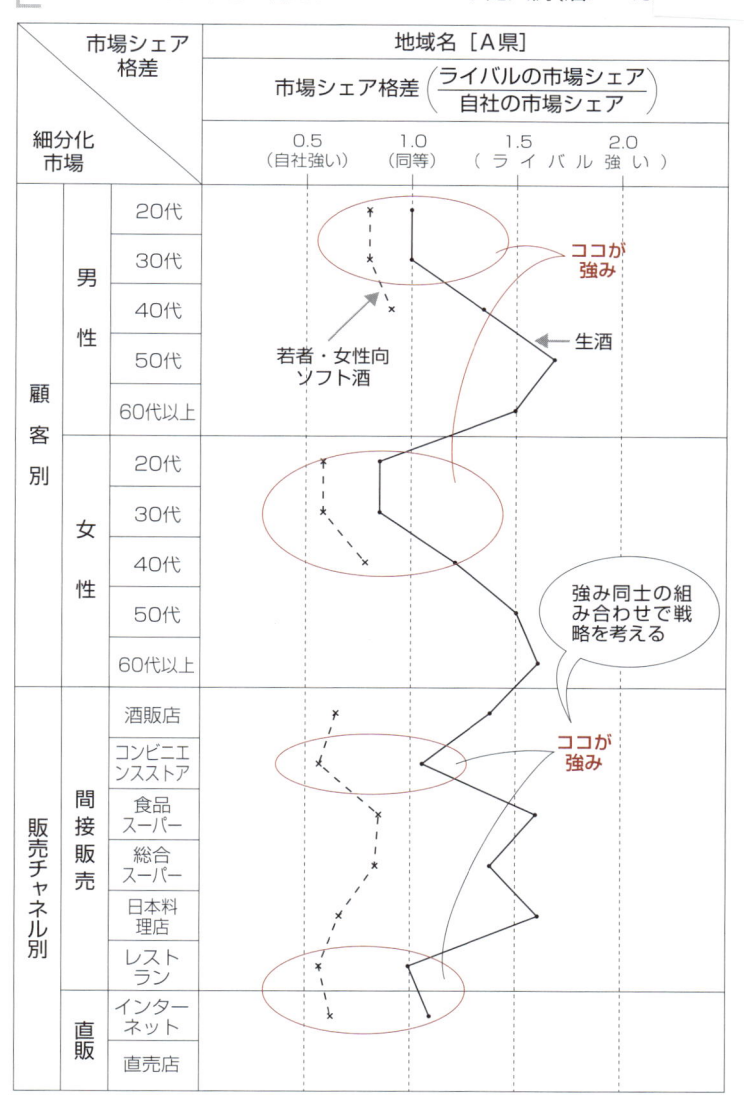

細分化市場			地域名 [A県]
			市場シェア格差 $\left(\dfrac{ライバルの市場シェア}{自社の市場シェア}\right)$
		市場シェア格差	0.5（自社強い）　1.0（同等）　1.5　2.0（ライバル強い）
顧客別	男性	20代	
		30代	ココが強み
		40代	
		50代	← 生酒
		60代以上	若者・女性向ソフト酒
	女性	20代	
		30代	
		40代	
		50代	強み同士の組み合わせで戦略を考える
		60代以上	
販売チャネル別	間接販売	酒販店	
		コンビニエンスストア	ココが強み
		食品スーパー	
		総合スーパー	
		日本料理店	
		レストラン	
	直販	インターネット	
		直売店	

第Ⅱ部　第1章　部門の競争力・収益力を高める法

7 相手の打つ手を読んで大きな売上・利益を得たい

検 索

➡ 囚人のジレンマ（ゲーム理論）
ジョン・F・ナッシュ

John F. Nash：1928年にアメリカで生まれた数学者です。1994年にノーベル経済学賞を受賞しました。

[適用業種] **全業種**　　[おすすめ度] ★ ★ ☆

1 問題や悩みのポイント

ライバルの先手を打って打撃を与えたい

　たとえば、将棋なら、自分一人で打っていれば常に勝てます。しかし、対戦相手がいると、いつも勝てるという保証はどこにもありません。

　企業の事業戦略も、将棋と同じです。相手の打つ手（事業戦略）を読んで先手を取り、売上・収益を最大にしたいと考えるのも無理はありません。

「競争相手に先手を取られたくない」「競合企業の規格をデファクト・スタンダード（De fact Standard ＝事実上の業界標準）にさせたくない」といったことも、同種の悩みです。相手の打つ手を事前に読み、自社がその効果をなくす対策を打てれば相手に大きな損失を与え、こうした悩みは解消できます。とくに、最近は、その重要性が増しています。

2 問題を解決する戦略・戦術

ナッシュ均衡を打破してチャンスをつくる

　競争相手の打つ手を読むのに役立つ理論は、囚人のジレンマ（ゲーム理論の1つ）です。ジョン・F・ナッシュが提唱したナッシュ均衡（Nash Equilibrium）は、その代表例としてよく知られています（153ページ参照）。

　囚人のジレンマは、以下のように要約できます。

　別々の部屋に隔離された2人の囚人が、取調官から「黙秘してもよいが、別の囚人が自白すれば刑は10年になる。ただし、おまえだけ自白して司法取引すれば、減刑して1年の刑にする」といわれました。この言葉の影響で2人の囚人は最終的に自白し、8年の刑になりました。

　じつは、1人の囚人は黙秘していれば、せいぜい3年という軽い刑ですみました。しかし、疑心暗鬼になって2人とも自白し、2番目に重い8年の刑になりました。このように、1人が最適な判断をしても、相手がいると、全体として最適な判断にならない競争戦略の実態を明白に証明したのです。

　この状態を、ナッシュ均衡といいます。自社と相手が別々の戦略を採用しても、より低い利得しか獲得できなくなる状態のことです。

　これは、相手の動きに縛られ、自社独自の考えを貫けないことから起きます。このナッシュ均衡を事前に予測し、自社の努力と知恵とで抜け出すことが重要なのです。予測を、事業戦略の策定・実行の過程に組み入れておけば、売上・収益を最大にするチャンスも大きくなります。

3 理論の利点と欠点

都合のいい予測をするとナッシュ均衡に陥る

　囚人のジレンマは、競争戦略の実態を示しています。相手がどんな打ち手（戦略）を採用するかで、自社が打つ手も変わるという事実です。これを、ダイナミズム（Dynamism＝相互作用の力学）ともいいます。従来の戦略策定で欠けていたダイナミズムを補うことも、大きな利点です。

　一方、法律で定められた刑期なら、お互いに利得の予測が違うことは考えられません。しかしこれは、経営ではほとんどありえないことです。経営では、自社と相手では戦略の選択いかんで、利得の予測が大きく異なってしまいます。このため、戦略に違いが生まれるのです。

　153ページのように、2つの企業は互いに自社に都合のよい予測をします。自社の売上・収益を大きくし、相手の売上・収益を低く予測するということです。

　このため、規格を統一せず、相手に規格を放棄させることが最大の利得を生むという考えにいきます。問題は、最後まで規格を統一せず、双方の売上・収益が低いままに陥ることです。

　この、ナッシュ均衡の状態になると、双方が最適な戦略を採用したとしても、意図した売上・収益がえられません。予測は違っても、双方とも好ましくない状態になってしまいます。こうした欠点は、ダイナミズムにより補正されますが、いずれにしろ、ナッシュ均衡の状態から抜け出ることが、自社の事業戦略に求められます。

囚人のジレンマとナッシュ均衡（ゲーム理論）

2人の囚人の関係（囚人のジレンマ）

		B囚人	
		黙秘	自白
A囚人	黙秘	3年、3年 (A)　(B)	10年、1年 (A)　(B)
	自白	1年、10年 (A)　(B)	8年、8年 (A)　(B) ← 「ナッシュ均衡」

選択肢（黙秘か自白か）は「戦略」という。
刑期（3年や8年）は「利得」という

利得は、経営戦略・事業戦略の当事者によって異なる。これが読みにくさとなる

〈自社予測〉

		競争相手	
		規格統一	不統一
自社	規格統一	35、45	150、▲30　当初
	不統一	▲20、120	50、40　結果

〈競争相手予測〉

		競争相手	
		規格統一	不統一
自社	規格統一	45、50	120、▲40
	不統一	▲80、200	50、70

　　　　当初　　結果

第Ⅱ部　第1章　部門の競争力・収益力を高める法

4 使いこなし方

自社で甘くなりがちな判断は第三者にまかせる

　ナッシュ均衡から抜け出すための手順は、次の通りです（155 ページ参照）。

ステップ１　競争相手の戦略予測です。まず、自社の戦略策定前に競争相手の戦略を予測します。あと回しにすると、自社の戦略の都合に合わせて予測してしまうからです。自社での予測が難しければ、外部専門家に依頼します。その中から、もっとも採用する確率の高い戦略を特定します。

ステップ２　自社の戦略とのギャップを把握します。自社の戦略と利得の違いを理解し、相手の戦略を打ち破る可能性を十分に検討します。検討するのは、規格の優劣や、採用企業の多さなどの面です。ギャップの判断は、自社では甘くなりがちなので、注意してください。

ステップ３　自社の戦略を修正します。必要があれば、戦略を転換します。相手を打ち破る可能性が50％以上なら対策を強化します。50％未満なら自社の戦略を抜本的に見直し、大幅な修正、または転換を行ないます。

　相手を打ち破る可能性は、あくまで主観的な数字なので、戦略の策定・実行の過程でシミュレーション（図上演習）します。

　シミュレーションでは、ナッシュ均衡になる予兆や状態を具体的に想定し、対策を事前に立てておくことが大切です。一番いい対策は、事業開始前に相手と規格の統一をしておくことで、損害のリスクも少なくなります。

ナッシュ均衡を抜け出すプロセス

対策を強化 / 大幅修正

ステップ1
競争相手の戦略予測

競争相手の戦略とその利得を予測し、もっとも確率の高い戦略を策定する

ステップ2
自社の戦略とのギャップ把握

自社が計画している戦略とその利得とのギャップ（格差）を把握する。競争相手の策定した戦略を打ち破れる可能性を十分に検討する

ステップ3
自社の戦略修正

打ち破れる可能性が50％超であれば、対策を強化した戦略とする。打ち破れる可能性が50％未満であれば、自社の戦略を大幅に修正する（このシミュレーションもしておく）

> 負けたときの損失がいくらかを出しておくことも重要

5 ワークシートの書き方

戦略転換する目安を決めておくのがポイント

　ナッシュ均衡を抜け出すためにつくる、自社戦略の修正ワークシートの記入要領は、次の通りです（157ページ参照）。

自社の戦略——自社の戦略と利得を図表に記入します。狙いと、ナッシュ均衡のコマを明示します。

競争相手の戦略予測——競争相手の戦略と、利得でもっとも実現の確率が高いものを図表に記入します。狙いとナッシュ均衡についても明示します。

自社戦略の大幅修正——ナッシュ均衡に陥ると想定して、自社の戦略を大幅に修正します。たとえば、戦略で想定した採用企業数を事前に増やすことです。つまり、コスト増になります。

　ただでさえ、事態の推移で目標の達成が難しくなりがちなので、戦略の実効度を高め、目標達成に貢献できる対策を数多く実行できるように修正しておきます。

自社戦略の転換——規格を争い、製品の優劣を競います。しかし、事前、または開始後の特定期間までで戦略転換する目途を立てておきます。たとえば、競争相手の3分の2の市場シェアしかならないと予測した時点で、撤退することを決めておきます。つまり、損切りです。

　以上の目途を立てたら、忠実に実行していくことが重要です。事業がスタートすると、継続しようという意見が強くなり、損失が増大してしまう結果になりがちなので十分に注意しましょう。

● 巻末ワークシート⑰

自社戦略の修正ワークシート記入例

自社の戦略

		競争相手	
		規格統一	不統一
自社	規格統一	35、45	(狙い) 150、▲30
	不統一	▲20、120	50、40

競争相手の戦略予測

		競争相手	
		規格統一	不統一
自社	規格統一	45、50	120、▲40
	不統一	(狙い) ▲80、200	50、70

↓ ナッシュ均衡となると ↓

自社戦略の大幅修正

- 製品の発売決定前に自社規格を採用する企業を増やす
- 自社規格製品の購入客や乗り換え客を増やす特別キャンペーンの大幅延長を行なう
- コンテンツ開発会社にインセンティブを与える

自社戦略の転換

- 市場シェアで競合相手の3分の2以下にしかならないと予測した時点で撤退する

8 インターネットで売上を伸ばしたい

検索

● ABC分析
ヴィルフレド・パレート
Vilfredo Federico Damaso Pareto：ABC分析を発見した経済学者です。1951年にアメリカのＧＥ（ゼネラル・エレクトリック）社で具体的な手法として開発されました。

● ロングテール戦略
クリス・アンダーソン
Chris Anderson：アメリカの雑誌編集長です。日本でも『ロングテール』（2004年刊）がベストセラーになりました。

［適用業種］メーカー・流通業・情報関連　　［おすすめ度］★ ★ ★

1 問題や悩みのポイント

重点販売で効率を高めたい

あなたは、20対80の法則をご存じですか。これは、20％の販売先・顧客が、全売上高の80％を占める現象をさします。売れる商品がごくかぎられているとき、これをいかにそろえて販売に力を入れるか、という重点販売が企業に求められています。つまり、「重点販売で効率を高めたい」という悩みです。

一方、重点販売に片寄りすぎ、ほしい商品がないと顧客からクレームが入る店舗も出ています。このため、インターネット検索でほしい商品を探す傾向が強くなっているのです。それに関連して「インターネットで売れる商品がわからない」「どれだけ商品数を増やせばよいのか判断できない」などという、重点販売と同様の悩みも増えています。

2 問題を解決する戦略・戦術

重点販売する商品がすぐにわかる

　重点販売には、ヴィルフレド・パレートのABC分析（ABC Analysis）が効果的です（161ページ参照）。

　ABC分析では、売上高の高い商品から売上高比率を累計して、曲線（パレート曲線）を描きます。描いた累計曲線を、A（売上高「大」の重点商品）・B（売上高「中」の普通商品）・C（売上高「小」の選別対象商品）に区分します。A区分に入る商品に力を注ぐことで、効率的に販売できるというわけです。

　重点販売は、利益の源泉にすることができるため、製造業・流通業などでは広く採用されています。

　しかし、インターネットの通信販売事業やホームセンターでは、A・B区分の商品だけを販売していても、売上アップできないケースが多く見られます。これは、顧客の要望にこたえられないためです。このため、自分が本当にほしいものを、インターネットで検索して購入する顧客も多く見られるようになっています。

　逆に、売上高の少ないC区分の商品でも、十分にそろえると、大きな売上高比率（34％以上）を占める事実が発見されました。アメリカのクリス・アンダーソンが発見した現象で、この現象をロングテール（Long Tail＝長い尻尾）現象といいます。ロングテール現象は、アマゾン・ドット・コムのような特殊な事例でなく、ほかにも適用できることから、「ロングテール戦略」と呼ばれるようになりました。

3 理論の利点と欠点

C区分の商品をどう置くかが問題になる

　ABC分析は、極めて広い分野に使えるという利点があります。たとえば、販売管理・在庫管理・得意先管理などです。しかし、商品・サービスの特性によっては、まちがった使い方になる可能性もあります。

　たとえば、ジュースは、みかんやりんごが主力であるA区分の商品ですが、パイナップルやブルーベリーなどのC区分の商品も置かないと、品揃えが悪いと顧客に受け取られ、売れ行きが悪くなってしまうのです。こうした、誤用があることが欠点です。

　ロングテール戦略は、ABC分析の欠点を補います。しかし、1商品当たりの売れる数量はかぎられるので、在庫負担をしては採算に合わないという欠点があります。これを、仕組みでカバーする必要があります。

　仕組みでカバーした一例は、アメリカのアマゾン・ドット・コム（以下、アマゾン）の書籍販売です。アマゾンでは、書籍を230万品目そろえていますが、売上の上位13万品目未満では書籍全体の43％しかなく、C区分の217万品目が57％を占めます。ところが、アマゾンは、在庫をほとんど保有しません。出版社が在庫しているのです。

　さらに、商品には、長く置くと商品価値がなくなる（劣化する）商品も多いことを考慮しなければなりません。賞味期限のある食品や流行の激しいカジュアルウェアなどです。このため、商品の特性を十分に吟味する必要があります。

ABC分析とロングテール戦略

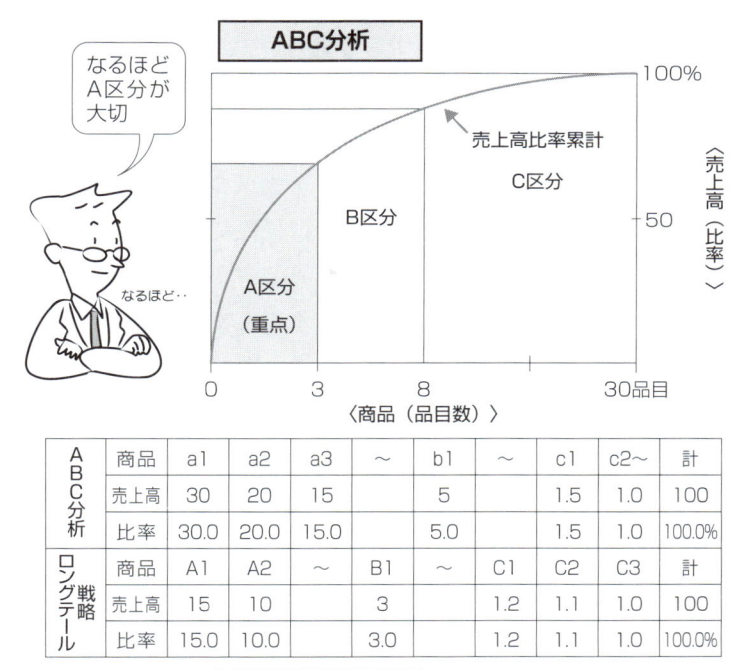

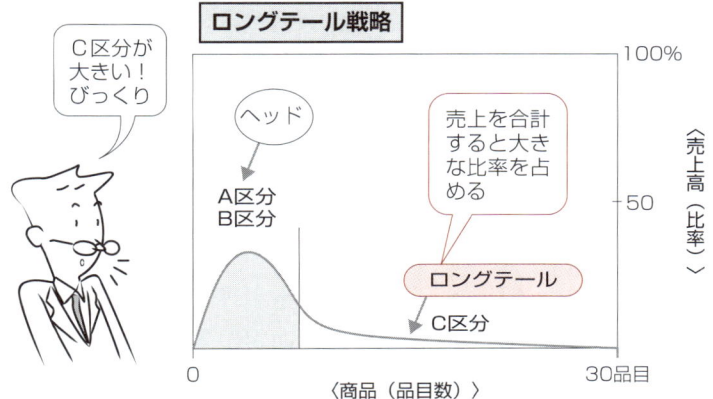

ABC分析

なるほど A区分が大切

なるほど‥

- A区分（重点）
- B区分
- C区分
- 売上高比率累計
- 〈売上高（比率）〉
- 〈商品（品目数）〉

ABC分析	商品	a1	a2	a3	～	b1	～	c1	c2～	計
	売上高	30	20	15		5		1.5	1.0	100
	比率	30.0	20.0	15.0		5.0		1.5	1.0	100.0%
ロングテール戦略	商品	A1	A2	～	B1	～	C1	C2	C3	計
	売上高	15	10		3		1.2	1.1	1.0	100
	比率	15.0	10.0		3.0		1.2	1.1	1.0	100.0%

ロングテール戦略

C区分が大きい！びっくり

- ヘッド
- A区分 B区分
- 売上を合計すると大きな比率を占める
- ロングテール
- C区分
- 〈売上高（比率）〉
- 〈商品（品目数）〉

第Ⅱ部　第1章　部門の競争力・収益力を高める法

4 使いこなし方

在庫の負担率をメーカーと取り決める

　ロングテール戦略を適用する手順は、次の通りです（163ページ参照）。

ステップ1　適合判定です。販売対象商品が、ロングテール戦略に適合するかどうかを判定します。つまり、C区分の商品を、品揃え効果と商品価値の持続性で判定するのです。品揃え効果とは、顧客が多種の商品の中から選択するので多くの商品を陳列すると集客できることです。商品価値が時間経過で劣化しやすいかどうかが、判定のわかれ目です。

ステップ2　在庫の負担区分を取り決めます。納期が重要ですが、C区分商品をすべて在庫していては、採算が取れません。高回転の商品だけ在庫して即配送することが大切です。即配送できる高回転商品以外は、基本的に在庫しません。これは、企業と取引先で分担して在庫をもつケースにかぎられます。

ステップ3　配送・データ収集のシステム化です。在庫負担を自社が負わなくても、取引先が負担するなどです。また、売れる商品の開発に役立てるには、さまざまなデータを収集し、関係先にフィードバックすることが大切です。

ステップ4　事業をスタート、または再スタートさせたあと、毎日、商品・掲載内容・価格などを見直します。たとえば、インターネット販売では、商品検索が日々行なわれるので同じ商品・掲載内容・価格では、顧客がすぐに飽きてしまうためです。この見直しは、意外に実行されていません。

ロングテール戦略を有効に使う手順

ステップ1　適合判定
品揃え効果と商品価値の持続性でロングテール対象商品として適合するかどうかを判定する

↓

ステップ2　在庫の負担区分
対象商品を単品ごとに在庫をどこでするのか取り決める（基本的に在庫をもたない。ただし、高回転商品のみ在庫することもある）

↓

ステップ3　配送・データ収集のシステム化
対象商品を注文後に納期通りに納品・決済できる仕組みと同時に収集したデータをフィードバックするシステムもつくる

> ページビューや閲覧者の購買率など

↓

ステップ4　事業開始と見直し
事業をスタート（または再スタート）させたあと、毎日、商品の取扱いの可否を見直す。本当の死に筋商品（まったく売れない商品）を発見し、除外していく

第Ⅱ部　第1章　部門の競争力・収益力を高める法

5 ワークシートの書き方

品揃え効果と商品価値で対象商品を決定する

　162ページのステップ１で使う、対象商品判定のワークシートの記入要領を見ていきます（165ページ参照）。

品揃え効果の高低——顧客が多種類の商品の中から比較・選択するため、多種類の商品を陳列する必要がある商品群です。品揃えの必要が大きいと「高」、少なければ「低」とします。たとえば、書籍が該当します。書店では、毎日発行される多数の新刊本に加えて、既刊本も陳列する必要があります。大型書店が増えているのもこのためです。

商品価値の持続性判定——商品価値の寿命が長いものと短いものがあります。長いものを「持続」と判定し、短いものを「劣化」と判定します。たとえば、食品のように賞味期限があり、これを過ぎると食中毒を起こす恐れのあるものです。

適合判定——品揃え効果が「高」で、商品価値が「持続」の商品群が該当します。具体的には、165ページにある、書籍・DVD（映画・音楽など）・ソフトウェア・工具・庭石などで、販売先は、書籍のアマゾン・ドット・コムやホームセンターのジョイフル本田などが知られています。

　ロングテール戦略は、すべての商品群に当てはまるわけではありません。十分に対象商品の判定を行ない、戦略の採用を判断します。採用を決めたら、どの商品を自社在庫にしてどれをメーカー在庫にするのかを、メーカーと交渉して決めます。在庫分担が、事業の成否を分けるので重要です。

● 巻末ワークシート⑱

ロングテール対象商品判定ワークシート記入例

	品揃え効果 高	
カジュアルウエア、水着、化粧品、医薬品、冷凍食品　など		**対象商品** 書籍、DVD、ソフトウェア、工具、庭石　など
		品揃え効果と価値の持続性の高い商品が対象商品になるが、日々、価格も含めて見直す必要がある
◁ 劣化	商品価値	持続 ▷
飲料、加工食品、生鮮食品　など		宝石、絵画、彫刻、包装用品　など
	品揃え効果 低	

第Ⅱ部　第1章　部門の競争力・収益力を高める法

9 自社の組織の強みを生かしたい

検索

➡ **組織能力**
ジェイ・B・バーニー
Jay B. Barney：1943年にアメリカで生まれ、現在オハイオ州立大学教授です。マイケル・ポーターと比肩できる経営理論家であり、『企業戦略論』は有名です。

➡ **能力構築力**
藤本隆宏
藤本隆宏：1955年に東京都で生まれ、現在東京大学大学院教授です。自動車産業の研究を通じて主張している『能力構築競争』は、注目されています。

[適用業種] **全業種**　　[おすすめ度] ★ ★ ★

1 問題や悩みのポイント

自社の強みがわからない

　あなたの会社がたくさんの顧客から支持され、競合企業に勝つためには、自社組織の強みを生かすことが不可欠になります。

　しかし、自社組織の強みが何かを、あなたは把握していますか。人間は、自分のことが一番わからないものです。同様に、自社のことが一番理解しにくいといえます。

　自社が把握できていても「強みをどうすれば生かせるのか」「どんな管理システムをつくれば強みを生かせるのか」などは、現状の強みを生かす方法がわかっていないからです。「現場に強くなれと経営者はいうが意味がわからない」という、一見すると別の問題のようなことも、現場にある強みを理解できていないからこそ出る悩みなのです。

2 問題を解決する戦略・戦術

自社の組織能力が発見・発展できる理論

　自社の強みがわからない場合、組織能力と能力構築力の利用が有効です。組織能力とは、価値を生むように経営資源を活用でき、他社にまねできないほど優れた組織がもつ力です。そして、能力構築力とは、組織能力を構築する力です。

　組織能力では、ジェイ・B・バーニーが VRIO を提唱しています。V は Value ＝経済価値を生む、R は Rarity ＝希少性がある、I は Inimitability ＝模倣困難、O は Organization ＝組織の方針や制度が整っていることです。VRIO は、現在の組織能力の評価要素です（169 ページ参照）。

　組織能力は、発見できたとしても、現在の組織能力を発展させて他の事業・グループ企業に移転していくには、より厳密にとらえる必要があります。つまり、組織の中で継承されている規則的な活動パターンの束（組織ルーチン）です。

　これを構築していく要件は、「現場の業務を通じたこまかいノウハウの巨大な蓄積」「事業の仕組み全体での調整をうまくやっていく組織の管理」「経営陣の軸が長期的にブレない」の３つになります。

　長期で巨大なノウハウの蓄積を行なうため、すべてを計画していくのはとても困難で、そのときどきの発想で、改善・改良・革新が求められます。この能力構築力については、藤本隆宏氏が『能力構築競争』で提唱しています。

　バーニーと藤本氏の２理論を併用してこそ、自社の組織能力の発見と発展をはかることができます。

3 理論の利点と欠点

移転・発展させられなければ使えない

　バーニーの組織能力は、会社組織の強みを競争力に変えることを解明しました。これは大きな利点です。SWOT分析（24～31ページ参照）の強みを生かすことを発展させた意味でも、貢献度の高い理論です。

　しかし、自社の組織能力を評価したり、組織能力の有無を具体的に確認したりしにくいうえ、これを発展・移転させることには触れていないという欠点があります。

　この欠点を、藤本氏の能力構築力が補っています。能力構築力ができるメカニズムを、自動車会社（とくにトヨタ自動車）で研究し、構築できる要件を明確にしています。

　藤本氏の理論では、現場のノウハウの巨大な蓄積、事業全体での調整可能な管理、経営陣の長期にわたる軸という、会社全体の長期間の取り組みが求められます。しかも、計画的というより創発的（計画になく、必要により生み出されること）につくられることが多いためメカニズムが管理しにくく、取り組みにくい面もあります。

　実証研究で解明された組織能力ですが、一般的には簡便に利用できるチェックリストにはならないという欠点もあります。それは、バーニー、藤本氏の両理論とも模倣困難を要件にしているからで、実際の実務に落し込むには大きな障害があります。

　そこで、本書では、簡便なチェックリストを提案し、読者の実務に利用できるように工夫しています。

組織能力と能力構築力

組織能力

組織能力（ケイパビリティ）とは——バーニーの定義

「個々の企業が有する異質かつ模倣困難な経営資源（リソース）に注目し、これを活用することで競争優位を獲得できる考え方である」
（現在の組織能力評価の要素）

- **V**alue（経済価値を生む）
- **R**arity（希少性がある）
- **I**nimitability（模倣困難である）
- **O**rganization（組織の方針や制度が整っている）

↓ 評価のみで構築しにくい

能力構築力

組織能力とは——藤本の定義

「企業が独自に保有する有形・無形の経営資源と、それを活用して競争優位を獲得できる『組織の中で継承されている、規則的な活動パターンの束』である」※

※組織ルーチンという

（構築要件）
- ⓐ 現場の業務を通じたこまかいノウハウの巨大な蓄積
- ⓑ 事業の仕組み全体での調整を上手にしていく組織の管理
- ⓒ 経営陣の軸が長期的にブレない

➡ 計画的＋創発的に進めていく必要がある。

4 使いこなし方

経営方針やその行動方針を長期間維持することが重要

　組織能力の有無の判定と、組織能力を構築する手順を見ていきます（171ページ参照）。

ステップ1　中核事業の特定です。企業の現在と将来の売上・収益を支える事業のことを中核事業といいますが、この中核事業を決めます。一般的に、会社の売上、または収益の30％以上を稼ぐ事業は中核事業といえます。30％未満でも、5年後までに3割を超えると予測できる新規・既存事業も中核事業に指定するケースが多いです。

ステップ2　中核となる業務プロセスの特定です。事業での一貫した業務の流れを分析し、中核となる業務プロセスを決めます。メーカーでは、製品開発・生産・販売が、流通業や外食業、中食業では、仕入・販売・店舗開発が該当します。

ステップ3　管理システムの再設計です。現場の業務が、いかに効率的に運営されているかを常に点検し、より効率的になるための問題点を明らかにしていくのが、管理システムの役割です。原価管理や営業マンの行動管理などです。

ステップ4　経営陣の軸の長期維持です。軸は、経営方針とその具体的な行動指針をさします。現場からあがってくる諸問題について場当たり的な対応をせず、10年以上の長期的な見通しに基づいた意思決定を行なうことです。売上の変動で在庫の水準をそのつど変更するような対応は避ける、ということです。

組織能力の有無の判定と構築する手順

ステップ1　中核事業の特定

会社の今後を支えていく売上・収益の柱である中核事業を決める
（例）トヨタ自動車の本業である自動車事業とする

↓

ステップ2　中核となる業務プロセスの特定

会社の関係部門で継承・発展されるべき規則的な活動パターンの束を決める
（例）アメリカの食品スーパーの店頭でヒントをえたカンバン方式とする

↓

ステップ3　管理システムの再設計

活動パターンを発展させ、競争力を強化できるような管理システムをつくり直す
（例）カンバン方式に対応したジャスト・イン・タイムの管理システムを構築していった

↓

ステップ4　経営陣の軸の長期維持

現場からあがってくる諸問題について小手先の対応をせず、長期的見通しに基づいた意思決定を行なう
（例）昭和20年（1945年）、進駐軍に日本の生産性はアメリカの8分の1といわれ、生産性を10倍にすることを考えた。この出発点の軸は今も変わらない

5 ワークシートの書き方

12点未満はYesを増やす努力が必要

　自社に組織能力があるかどうかを判定する、ワークシートの記入要領を見ていきます（173ページ参照）。

中核業務プロセスの特定——業種・中核業務プロセスを記入し、業務プロセスが10年間で付加価値を出している水準（付加価値率）を見ます。

　業界の上位3位以内にないと、組織能力判定の候補にしません。上位3位以内でなければ、競争力があるとはいえないからです。

経営スタンスと実行力——経営方針・行動指針と、その徹底度の3項目を、Yes・Noで判定します。共通項目です。Yesのみ1点と記入します。

中核業務プロセス——プロセスの指標7項目を、Yes・Noで判定します。Yesは、確実に肯定できる場合のみにします。迷ったときは、Noとします。

支援システム——問題解決を助ける5項目を、Yes・Noで判定します。これも、共通項目です。

合計——15項目のうちYesとした点数のみ合計します。15点満点で12点以上なら、組織能力「あり」と判定できます。なお、12点未満の会社は、Noの項目をYesに変えるように努力してください。

　判定で組織能力「あり」と判定できれば、それをさらに進化させる管理システムを構築します。管理システムで、進化に必要な問題点も洗い出せます。

●巻末ワークシート⑲

自社の組織能力判定ワークシート記入例

業種	機械製造	中核業務プロセス	生産プロセス
10年の付加価値の水準			（業界の上位3位以内のみ対象とする）

点検項目		Yes（確実に肯定できる）	No（一部でも否定できる）	Yesのみ1点
経営スタンスと実行力	短期的利益より長期的利益をとる	○		1点
	社内事情より顧客の信用を大切にする	○		1点
	過去10年間で不祥事は起こしていない		○	0点
中核業務プロセス	実需対応になっている	○		1点
	在庫はゼロ、または業界最低水準	○		1点
	生産量を平準化できている		○	0点
	1人当たりの改善件数は業界トップである	○		1点
	リードタイムの短かさは業界トップである	○		1点
	生産効率は高く、コストの低さも業界トップ	○		1点
	他社にない独自のものをもっている	○		1点
支援システム	リーダーを育成している	○		1点
	パートナーを育成している		○	0点
	あらゆる選択肢を検討して決定する	○		1点
	問題を見えるようにしている	○		1点
	現場の発案を十分に活用している	○		1点
合　　計		15点満点中12点以上が組織能力「あり」と判定できる		12点

第Ⅱ部　第1章　部門の競争力・収益力を高める法

✚ 戦略・戦術のサプリメント③ ✚
計画は予想ではなく仮説

●予想と勘違いしている

　戦略の羅針盤ともいえる経営計画をつくるとき、事業部門の人の多くは売上・収益がその計画通りにいかないのではないかと心配します。機能部門の人も、計画と実際とでどの程度の差が出るのかをよく議論しています。

　こうした心配や議論は、売上・収益が今後推移していくのかを、第三者の立場で考えているだけです。これは、なるようにしかならないと考えること、つまり、「予想」なのです。

●目標達成のためには「仮説」

　予想では、対策が後手になり、自然の成り行きに任せることになってしまいます。これでは、経営計画を立てる意味がありません。どんな事態に直面しても、解決しながら達成していくのが経営計画で立てる目標だからです。

　その目標を達成するには、企業の全員が目標達成後の姿を事前に思い描いておかなければなりません。自然の成り行きでなく、全員の知恵と努力で築き上げるものなのです。これを、「仮説」といいます。

CHAPTER 2

第2章

組織の機能を強化する戦略・戦術

- **10** 大幅に製品コストを引き下げたい
- **11** 在庫も欠品もゼロで生産したい
- **12** 多品種少量生産を柔軟に低コストでできないか？
- **13** 情報を読み取る力を高めたい

10 大幅に製品コストを引き下げたい

検索

→ **VE（バリュー・エンジニアリング：価値工学）**
ローレンス・D・マイルズ

Lawrence D. Miles：アメリカのGE（ゼネラル・エレクトリック）社で購買部長をしていたときにVEを開発した人物です。VEは、1960年代に日本に導入されました。

［適用業種］メーカー・流通業　　　［おすすめ度］★★★

1 問題や悩みのポイント

品質を保って大幅なコストダウンをしたい

あなたは、中国などの低価格攻勢に直面し、できるだけ安く生産したいと思っていませんか。こうした思いは、すべての企業が抱いています。

しかし、中国製品の過剰農薬使用や鉛入り塗料使用玩具などが問題になり、低コスト至上主義ではうまくいかないという現実もあります。この難しい局面を、なんとかして乗り越えたいというのがここで取り上げる悩みです。

「顧客の要求をできるだけ取り入れ、低コストを追求したい」「30％以上、製造コストを引き下げたい」「外注先の値下げ努力も限界。何かいいアイデアはないか」なども、「できるだけ安く生産したいが、商品の安全性などが心配だ」という、先の悩みと同じだといえます。

2 問題を解決する戦略・戦術

系統的にコスト低減と価値の向上がはかれる

　安全に安く生産したいとき、考えられるのは設計段階のコスト引下げです。これを、効果的に行なう手法は、ローレンス・D・マイルズのVE（Value Engineering バリュー・エンジニアリング＝価値工学）です。VEは、機能とコストの関係を十分に考慮し、系統的にコスト低減と価値の向上、または維持をはかるものです。設計の変更では、部品の変更・部品点数の削減・原料の材質変更などを行ないます。著者の経験では、10〜40％程度低減できます。

　具体的には、2つの方法があります。

方法1　競合他社の製品との比較です。既存製品なら、競合他社の同一製品を分解して、部品一つひとつの材質・仕様・強度・機能などを比較します。部品のコストも推定し、自社の部品との違いの把握と金額の算出をします。この比較から、機能のアップや過剰機能の削減などを行ない、換える部品のコスト見積もりの参考にします。

方法2　新製品なため他社製品と比較できない場合、製品の機能分野（駆動部や回転部など）ごとの性能を見直し、これに応じた部品に換えていくという方法です。一度、試作品を作ってVEの対象とし、コスト低減をはかります。既存製品にも使うケースもあります。

　VEは、1960年代に日本に導入されて大きな成果をあげました。非常に実践的なので、未導入なら検討してみましょう。

3 手法の利点と欠点

製品の機能過剰や品質低下の恐れがある

　VEは、設計を見直すことで無駄が省けるというのが利点です。また、系統的な手法なため、顧客への満足度が高い機能にすると同時に、市場で競合企業の製品に勝てるような妥当なコストにしていけるというメリットもあります。とくに、中国・インドなどの開発途上国の安いコストに対坑していくには、非常に有効で不可欠ともいえる方法です。

　しかし、機能が過剰になったり、必要以上にコストを削減してしまったり（粗悪部品に換えるなど）という事態を招く、誤用の恐れがあるのが欠点です。

　機能過剰の例では、携帯用電卓がよく知られています。競合他社との競争意識が強くなりすぎ、三角関数・対数などの複雑な計算機能を盛り込むなど、顧客が使わない機能が多くなりすぎました。現在の携帯電卓では、この反省から、複雑な計算機能は省かれています。

　必要以上にコストを削減してしまった例では、パソコンに使用したリチウム電池の発火事故が有名です。内蔵電池の高出力化と低コスト化について、大幅に開発期間を短縮したことが原因です（開発コストの低減）。

　市場の顧客ニーズを推定しにくい面や、会社の都合が最優先になってしまうことも否定できません。これが、製品の機能とコストのバランスを取る難しさでもあります。

　ただし、こうした欠点を考慮しても、VEの効果は大きいといえます。

品質を損なわずにコストダウンするVE(価値工学)

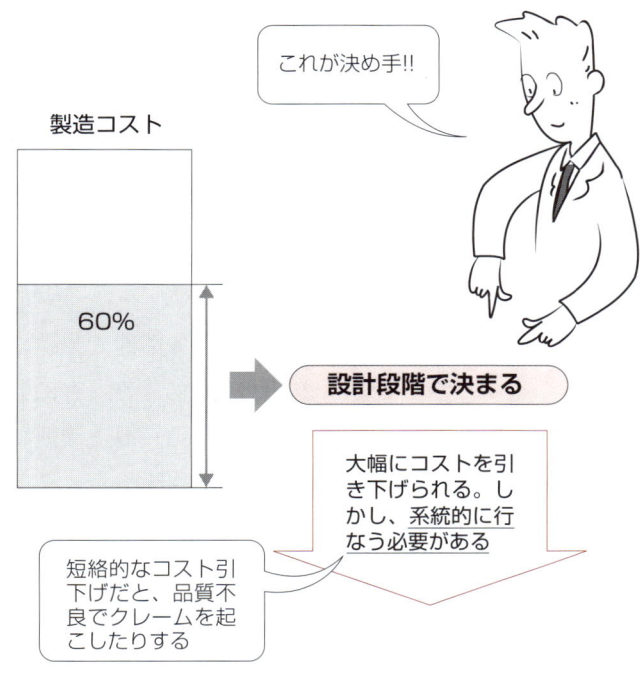

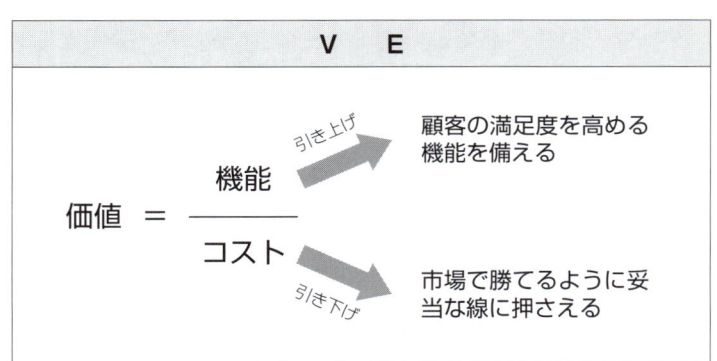

製造コスト

60%

これが決め手!!

→ **設計段階で決まる**

短絡的なコスト引下げだと、品質不良でクレームを起こしたりする

大幅にコストを引き下げられる。しかし、系統的に行なう必要がある

V E

$$価値 = \frac{機能}{コスト}$$

機能 — 引き上げ → 顧客の満足度を高める機能を備える

コスト — 引き下げ → 市場で勝てるように妥当な線に押さえる

4 使いこなし方

実際にやってみてはじめて VE の効果が理解できる

　VE の基本から、コスト低減を実現するまでの手順は、次の通りです（181 ページ参照）。

ステップ1　VE セミナーを受け実習します。設計・購買・製造技術・販売企画など各部門から人員を選んで、受講させます。セミナーは、実際に製品を解体して行なう実習コースを選びます。話を聞くだけでは理解できないからです。

ステップ2　社内で実習通りに試します。各業種で製品の特性が大きく違うので、まず、自社製品で実習の内容にしたがって試してください（建設・土木・食品・製造機械などと比較してください）。必然的に、関係各部門のスタッフで行なうことが求められます。受講したスタッフが、社内の関係者に講義と実習指導をします。

ステップ3　受講したセミナーの基本ステップにしたがって取り組みます。受講したスタッフが講師となり、ほかのスタッフに自社製品で実践セミナーを開きます。関係するスタッフ全員が受講します。コスト低減には、図表のように3方向あります。

ステップ4　効果を確認して、自社の VE 方法を改善していきます。コスト低減の効果をたしかめ、自社製品の特性に合わせて改善します。なお、製品の特性には見込み生産品と受注生産品という販売特性もあります。受注生産品では、顧客との機能のすり合せを十分にします。

VEの基本から、コスト低減を実現するための手順

ステップ1　VEセミナーを受け実習する
（スタッフを実修コースを選んで受けさせる）

> VEは、やってみないと理解できないもの

ステップ2　社内で実習通りに試す
（社内の製品で実際に取り組む）

ステップ3　基本ステップにしたがい取り組む
（セミナーの基本ステップにしたがっていくつかのチームで実施する）

〈コスト低減の3方向〉

Ⓐ　$\text{価値向上} = \dfrac{\text{機能アップ}}{\text{コスト低減}}$

（例）パソコン

Ⓑ　$\text{価値向上} = \dfrac{\text{機能維持}}{\text{コスト低減}}$

（例）乾電池

Ⓒ　$\text{価値維持} = \dfrac{\text{機能簡素化}}{\text{コスト低減}}$

（例）電卓

ステップ4　効果を確認して方法を改善する
（どれだけコスト低減の効果があるかしかめ、自社製品の特性に即して改善する）

5 ワークシートの書き方

安全性を高める機能分野も付け加える

　180ページのステップ３のまとめで使う、VE検討案の比較に使うワークシートの記入要領は次の通りです（183ページ参照）。

複数の検討案の作成——VE検討案は、１つだけでなく複数案をつくります。単に、コスト削減額だけでなく、省エネ・リサイクル・環境負荷などの面から総合的に評価するためです。

機能分野——製品を、いくつかの機能を担うユニット（単位）に分けます。たとえば、回転数を減らす、または増やすという区分になります。

現状コストと改善後コストの比較——機能分野ごとの現状コストを算出し、VEによる改善を加えたあとのコストと比較します。コストを下げるばかりでなく、安全性を高めるなどの必要な機能分野を加えることもあります。つまり、合計で引き下げるので、機能分野ごとには増減が出ます。

年間低減額と正味低減額の算定——年間の適用可能数量×低減額で、年間推定低減額を出します。次に、部品の取換えや追加設備の必要などがあれば、必要費用（減価償却分）を引き算して、年間の正味低減額を算出します。これが本当の効果となるのです。

　検討案を多面的に評価し、最適な案を決定します。最適案に合わせて、機能・部品・材料などを換えます。なお、現状の製品の在庫数と消化見込みには注意してください。

●巻末ワークシート⑳

VE検討案比較ワークシート記入例

対象製品（GH）		プロジェクト名 [コスト低減チーム]				20××年12月1日		
	機能分野	現状コスト ①	改善後コスト ②	低減額 ①−②	低減率 $\frac{①-②}{①} \times 100$	年間適用可能数量	年間推定低減額	必要費用	年間正味低減額
第一検討案	a、圧力を調整する	50 250.	50 150.	00 100.	% 39.92	千個 1,000	千円 100,000	千円 5,000	千円 95,000
	b、回転数を減らす	30 90.	10 80.	20 10.	11.30	1,000	10,200	−	10,200
	c、節電機能をつける	−	00 30.	00 ▲30	−	1,000	▲30,000		▲30,000
	d、								
	e、								
	f、								
	計	80 340.	60 260.	20 80.	23.53	−	80,200	5,000	75,200

第Ⅱ部 第2章 組織の機能を強化する戦略・戦術

11 在庫も欠品もゼロで生産したい

検索

⮕ **TOC**
エリヤフ・ゴールドラット
Eliyahu M. Goldratt：1948年にイスラエルで生まれた物理学者です。1984年に刊行された『THE GOAL』は日本でもブームになりました。

⮕ **カンバンシステム**
大野耐一
大野耐一（1912—1990）：トヨタ自動車の副社長を務めました。1978年に刊行された『トヨタ生産方式』は今でも読まれています。

［適用業種］メーカー・流通業　　［おすすめ度］★★★

1 問題や悩みのポイント

在庫も欠品もなくしたい

　あなたは、製品が売れる量を正確に予測できますか。予測は、年々難しくなっています。必然的に、予測に基づく見込み生産をしていると、過剰在庫を抱えることになります。そこで、「小売業の注文だけ生産して納品できないか」「欠品を防ぐために店頭在庫を適正にできないか」「在庫の削減が思うように進まない」などの悩みが出てきます。

　現在のように、売れる時期が短くなり、在庫をもてば大きなリスクにもなります。

　多くの企業では「常に、実需に応じた生産を行ない、注文に対する欠品をゼロにできる方法はないのか」というように、販売量が正確に予測できない場合と同じ悩みを抱えることになります。

2 問題を解決する戦略・戦術

生産スピードを速め、在庫ゼロで欠品を防ぐ

184ページのような悩みを抱えているときは、TOC（Theory Of Constrains＝制約条件理論）とカンバンシステムを組み合わせることが有効です。

エリヤフ・ゴールドラットが提唱したTOCは、生産能力を高め、生産スピードをあげます。トヨタ自動車が開発したカンバンシステムは、在庫ゼロで欠品を防ぎます。両理論の強みを生かすことで、コストの低減とキャッシュフローの増大がはかれます。

TOCは、生産工程（最終的に全流通過程）での制約条件に焦点を当て、最少の努力で最大の効果をあげることが狙えます。

制約条件は、もっとも時間を要している工程とその原因をさします。在庫ありきのシステムで、いかに速く生産するのかというスピードを重視します。

カンバンシステムは、最終工程（最終的に顧客）から必要なときに必要数を取りにいくシステムです。顧客の需要に対して欠品ゼロを目標とするだけでなく、生産上の全工程での在庫ゼロをめざしています。いわゆる、デマンドチェーン（Demand Chain）の発想であり、サプライチェーン（Supply Chain）の発想のTOCとは補完関係にあります。

両理論は対立するわけではなく、つき詰めていくと、ともに低コスト生産をめざす理論になります。システムをつくる視点は異なりますが、補い合う関係です。

第Ⅱ部 第2章 組織の機能を強化する戦略・戦術

3 理論の利点と欠点

組み合わせれば効果大だが使いこなしが難しい

　TOCは、リードタイム（注文から納品までの時間）の短縮・生産能力の向上・在庫削減などに効果をあげるという利点があります。

　しかし、欠品ゼロのためには、在庫を適正に保有して対応することになります。原材料・仕掛品・製品の在庫は、ゼロになりません。制約条件に集中するので、全工程の改善については十分とはいえないことも欠点です。

　これを補うのが、カンバンシステムです。将来のリスクとなる在庫をゼロにするように、外注先も含めてシステムを構築できます。生産スピードより、その工程で発生した不良・不具合の修理を優先してラインを止めるので、最終的に全コストの低減に結びつきます。あらゆる工程での数多い（年数万件といわれます）改善を積み重ねていくことを重視するため、この効果は極めて大きいといえます。

　カンバンシステムは、利点が多いかわりに、大企業でも使いこなすのにたいへん苦労します。苦労する理由は、まず、販売量を平準化できる販売機能をもたないといけない点です。2つ目の理由は、多くの外注先を同じ水準で運営・管理し、時間指定・多頻度少量の納品を確保していかなければならないことです。3つ目は、経営者が生産ラインを止めて修理すること（チョコ停）を認めなければいけない点です。

　こうした難しさが欠点ですが、チャレンジするだけの価値はあります。

TOC（制約条件理論）とカンバンシステム

TOC（制約条件理論） プロセス全体のボトルネック（制約条件）のパフォーマンスに着目して、事業活動全体を最適化する

	A工程	B工程	C工程	D工程
生産能力	150個/日	180個/日	50個/日	300個/日
特定日の生産量	120個 →	120個 ↓（仕掛在庫）	(48個) ← ボトルネック	→ 48個 → 46個 ↓ 不良品2個

〈サプライチェーンへの発展〉

TOC		カンバンシステム
※在庫ありき	VS	在庫ゼロ
※スピード重視	VS	工程を止めても品質重視
※制約条件に集中	VS	全プロセスの改善蓄積

カンバンシステム 最終プロセスから必要なときに必要量を取りにいく

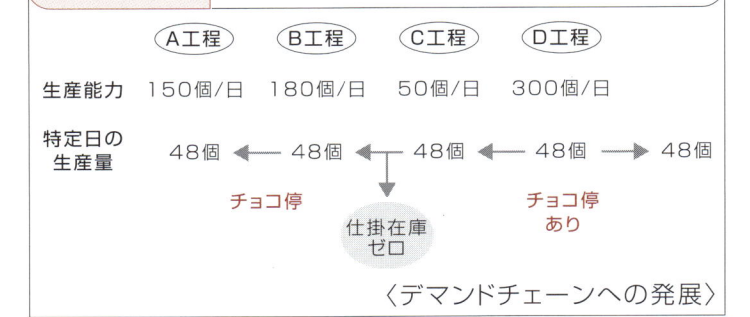

	A工程	B工程	C工程	D工程
生産能力	150個/日	180個/日	50個/日	300個/日
特定日の生産量	48個 ←	48個 ← ↓ 仕掛在庫ゼロ	48個 ← チョコ停	48個 → 48個 チョコ停あり

〈デマンドチェーンへの発展〉

第Ⅱ部 第2章 組織の機能を強化する戦略・戦術

4 使いこなし方

まず、制約条件を発見して改善する

　TOCとカンバンシステムを組み合わせた手順を見ていきます（189ページ参照）。

ステップ1　制約条件の特定です。工場での全工程を分析し、もっとも生産能力が低い、または不良率が高い工程を抽出します。生産量・不良率と稼働日数で判明します。

ステップ2　制約条件の改善です。生産能力を低くしている、または不良率を高くしている背景・技術上の要因・設備に関する要因・人による要因を解明し、優先順位にしたがって改善します。

ステップ3　実需対応の実現に向けた、プロセスの再設計です。本来、工場の生産能力を上げると、販売からの生産依頼分を超えて作れば在庫になります。販売からの生産依頼の仕組み改善に並行して、同じ工程の生産能力余剰分を他品種に割り当てます（混流生産といいます）。混流生産を基本にすえて、即時納品・在庫ゼロを実現できる生産プロセス（最終的に全流通過程）に再設計します。

ステップ4　再び制約条件の特定です。再設計後のプロセス（生産工程）を定期的に見直し、新たに出てきた生産能力を低めたり不良率を高めたりする工程を抽出します。つまり、絶えず手順を繰り返すことです。この手順の繰り返しで、改善・革新を積み重ねていくと同時に、低コストの実現と在庫ゼロでの実需対応のシステムが構築できるのです。

制約条件を見つけるプロセス

※生産工程中心での流れ

ステップ1　制約条件の特定
全工程の中からもっとも生産能力が低い、または不良率が高い工程を抽出する

↓

ステップ2　制約条件の改善
生産能力を低くしている背景・技術的要因・設備的要因・人的要因を解明し、これを優先順位にしたがって改善する

↓

ステップ3　実需対応の実現に向けたプロセス再設計
生産能力を上げても、販売からの生産依頼分を超えて作っても在庫になる。そこで、生産依頼分のみを生産し、生産能力の余剰分を他品種に充てる（混流生産）。混流生産も含めて即時納品・在庫ゼロを実現できるプロセスに再設計する

↓

ステップ4　再び制約条件の特定
再設計後のプロセス（全工程）を定期的に見直し、新たな低生産能力の工程を抽出する

5 ワークシートの書き方

短縮したい4つの時間に注目する

　ボトルネックとなる工程の、具体的な制約条件を発見する要領を見ていきます（191ページ参照）。

ボトルネック工程名——もっとも生産能力の低い、または不良率の高い工程を特定して、工程の名称をワークシートに記入します。

段取時間——機械・設備で加工できる準備が万全であり、不必要な時間を費やしていないかを点検します。

工程作業時間——実際の加工・機械操作に要している時間です。

工程待ち時間——前工程からの部品・仕掛品がくるのを待つ時間です。意外に多くの時間を使うケースが多く、これが仕掛品在庫の原因の1つになります。

部品不揃いでの待ち時間——納品業者の遅延や生産計画・発注ミスによる不要な時間です。中小企業では、かなりの時間数になります。

該当印——該当するため○印をした項目が、対策を立てるべき項目になります。優先順位を付けて、対策に着手してください。

　対策を徹底して、段取時間、工程作業時間、工程待ち時間、部品不揃いでの待ち時間の4つを、可能なかぎり短縮していきます。

　同時に、生産計画の立て方や外注先への指導などの見直しもすすめます。

●巻末ワークシート㉑

制約条件発見ワークシート記入例

ボトルネック工程名	プレス工程	該当か否か (該当○印)
段取時間	必要な機械がすぐに製造できるか？	
段取時間	必要な人数を配置しているか？	
段取時間	必要な部品・原料・仕掛品は必要量あるか？	○
工程作業時間	加工処理に不要な時間を要していないか？	○
工程作業時間	機械の故障・不具合は多いか？	
工程作業時間	操作に専門知識・スキルをもつ人が現場を離れていないか？	
工程作業時間	作業での不良は発生していないか？	○
工程待ち時間	前工程から仕掛品がくるのを待つことはないか？	○
工程待ち時間	前工程から搬送されてくるのに時間を要していないか？	○
工程待ち時間	前工程で不良品の発生やトラブルは多くないか？	
部品不揃いでの待ち時間	納品業者が指定時間に遅れてこないか？	○
部品不揃いでの待ち時間	生産計画のミスで部品数が不足していないか？	○
部品不揃いでの待ち時間	発注ミスで部品数が不足していないか？	○

第Ⅱ部 第2章 組織の機能を強化する戦略・戦術

12 多品種少量生産を柔軟に低コストでできないか？

検索

➡ **セル生産方式**
山田日登志

山田日登志：1939年に岐阜県で生まれ、PEC産業教育センターの所長（経営コンサルタント）です。

[適用業種] メーカー　　[おすすめ度] ★ ★ ☆

1 問題や悩みのポイント

多品種少量化にうまく対応したい

　あなたは、以前より製品の品種が多くなっていると感じませんか。実際にもその通りで、ほとんどの企業で品種が増加しています。生産部門は対応に追われ、しかも、低コストで作ることが求められるので悩みは深くなっています。

　品種が増えると、「ある種類の製品だけに在庫が片寄る」「品切れになる品種が増えた」「生産計画の変更が多く、現場は混乱させられている」などの工場関連の問題が出ます。販売部門でも、「受注しても欠品で顧客からクレームを付けられた」「いつ納められるのかを回答できない」などの悩みも出ています。拡販には多品種が必要ですが、欠品なく低コストで生産対応してくことは容易ではなく、多くのメーカーが悩んでいます。

2 問題を解決する戦略・戦術

日本人の器用さを生かして多品種少量化を実現する

　多品種の生産で起きる問題も、加工組立の生産であれば、企業規模の大小を問わずセル生産方式（Cell Production System）が有効です。セル生産方式は山田日登志氏が提唱した方式で、現在、さまざまな企業で採用されています。

　従来のライン生産方式では、数キロにもおよぶベルトコンベアが工場に必要になるので設備投資が大きくなってしまいます。それに、多人数の作業者が一斉にラインで作業するため、作業バリエーションの多い多品種の生産には不都合です。また、生産数量の調整が難しい、仕掛品・完成品の在庫が増加する、作業者の習熟度と作業が合わない、なども出てきます。こうした問題を克服したのが、セル生産方式です。

　セル生産方式の基本型は、ライン生産のベルトコンベアを外し、1人で生産できるようにすることです。つまり、部品の組付け・加工・検査までを1人で行ないます。

　基本型の応用として、数人のチームで行なったり、ラインをいくつかに分け、区分ごとのセルを設ける方式もあります。このように、セル生産方式は、加工組立の製品や作業の難易度に合わせて形を変えられる、柔軟性の高い生産方式といえます。

　この柔軟性の高さは、日本の作業者が器用で、いろいろな作業が1人でこなせることからきています。いわゆる、多能工です。また、作業者のスキルアップへの意欲が高いことも関係しています。

3 理論の利点と欠点

作業の習熟に時間がかかる

　セル生産方式は、ベルトコンベアを外し、部品棚と作業台を中心とするため設備投資が少なくてすみます。

　生産する品目の変更も生産数量の調整も、ライン生産に比べてはるかにかんたんで、しかも仕掛品と完成品の在庫数も抑えられるなど、まさに多品種少量生産に適した生産方式といえます。

　さらに、作業者の習熟度に合わせた作業をさせられることもメリットです。作業スピードの速いベテラン作業者は、自分のペースで速く生産できるため、作業者のスキルアップや士気を向上する効果にもなります。

　欠点もあります。1人の作業者がたくさんの作業を覚えなければならないため、習熟するのに時間がかかることです。作業者によってスキルに違いがあるので、生産できる数量や品質に格差が出たり、作業者の日々の体調などでも格差が出たりします。

　また、多能工化した作業者がさほど多くないため、長期に雇用しなければなりません。この長期雇用が維持できないと、セル生産方式が維持できないのです。長期雇用を維持する体制づくりが不可欠という意味では、経営者の能力も無関係ではなく、セル生産方式が成功するかどうかのカギを握っているともいえます。

　以上のような欠点は十分に克服できるので、導入を前向きに検討してください。

多品種少量生産の強い味方・セル生産方式

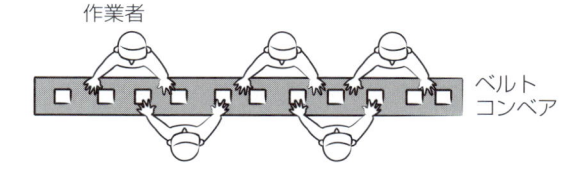

通常のライン生産
作業者／ベルトコンベア

⬇ 大変更

セル生産方式
部品棚／作業台／部品棚／工具
（作業者は1人〜数人）

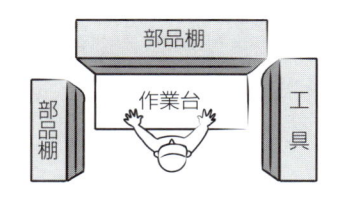

利　点

① 生産する品目を変更することが容易である
② 設備投資が少なくてすむ
③ 生産数量の調整がしやすい
④ 仕掛品・完成品の在庫を減らせる
⑤ 作業者の習熟度に合わせた作業にできる
⑥ 作業者のスキルアップと士気を高められる

欠　点

❶ 作業者が習熟するのに時間がかかる
❷ 多能工化するのに時間がかかる
❸ 作業者間での生産数量や品質に格差が生まれる
❹ 作業者の長期雇用が求められる
❺ 技術のスムーズな継承が不可欠となる

4 使いこなし方

モデルセルも含めて周到な準備をする

　セル生産方式を導入する手順は、次の通りです（197ページ参照）。

ステップ1　工程の再設計です。対象になるラインを選び、どんなセルにするのかを図面に描きます。1人のセルやチームのセルなどいくつもの型を検討し、最適案をつくります。また、問題点を抽出し、対策を立てます。

ステップ2　モデルセルでの実験です。図面では、本当の運営・管理の問題はわかりません。必ず、モデルセルを工場の一隅につくり、レイアウトの良し悪し・工程内や工程間での調整・部品や工具などの搬送（デリバリーレイアウト）の適否を確認します。

　さらに、生産計画～発注～納品までのシステムも見直します。

ステップ3　作業者の教育・訓練です。一番肝心な作業者が、セル生産方式に慣れることを狙います。モデルセルで実際に加工・組立て・検査を行ない、生産数量のバラツキや品質の良否を点検し、格差をできるだけ縮小します。

ステップ4　工程の変更です。ステップ3までの準備事項をクリアできたら、逐次工程を変更します。非常に大きな変更なので、慎重に行なう必要があります。変更と同時に効果を常に確認し、問題点を見つけたらすぐに改善・改良をします。ここでは、改善・改良の数だけでなく、タイムリーさも求められます。

セル生産方式を導入する手順

ステップ1 工程の再設計

対象になる工程を選び、再設計を行なう。再設計にともなう問題点を抽出し、対策を立てて実行する

※セルは1人～数人のチーム。工程を1セル～数セルに分ける

⬇

ステップ2 モデルセルでの実験

モデルとなるセルを設け、レイアウトの適否、工程内と工程間のバランス調整、デリバリーレイアウトの適否を確認する。同時に生産計画～発注～納品のシステムも見直す

⬇

ステップ3 作業者の教育・訓練

実際に作業者がモデルセルで加工・組立て・検査を行ない、生産数量・品質の格差を可能なかぎり縮小する

⬇

ステップ4 工程変更

すべての準備ができたら、逐次、工程を変更する。同時に、効果の確認と問題点の洗出しも行ない、改善・改良を加える

5 ワークシートの書き方

点検する9項目すべてクリアしているか見る

　セル生産方式を導入できるかどうかを点検する要領は、次の通りです（199ページ参照）。

点検の仕方──199ページの図に書かれた9項目について、該当しているかどうかを見ます。該当項目が1つでもあれば、最優先で改善・改良します。

モデルセルのスペース──モデルセルを設ける場所（スペース）が取れなければ実験ができないので、必ず確保します。

モデルセルでの実験関連──199ページの図の2～5の項目で、適格作業者が確保でき、生産数量・品質の格差も容認できる範囲内かどうかを点検します。

作業者について──199ページの図の6～7の項目で、長期雇用や専門知識・技術を教えられる作業者がいるかどうかを確認します。どちらも重要です。

システムの整備と関係先の連携──セル生産方式への移行に必要なシステムが整備されているか、顧客や外注先などとの連携が十分に取れているかを確認します。

　中小企業では、システムなどが未整備のまま導入を急いだために失敗するケースも多く見られるので注意してください。

　以上のすべてが該当すれば、工程の変更を行ないます。生産技術に詳しい経営者は、工程変更の大きな意味を理解しているはずです。しかし、事務系の経営者は、流行で導入を検討しがちなので、モデルセルの実験で確認してください。

●巻末ワークシート㉒

セル生産方式導入の点検ワークシート記入例

項　　目	該当か否か （該当○印）
1. モデルセルを設けるスペースはあるか？	○
2. 全工程、または相当部分の工程を担当できる作業者は必要数いるか？	
3. 作業者を多能工化するまでの時間が工程変更に間に合うか？	
4. モデルセルでの生産で、作業者による生産数量は1.5倍の範囲内か？	○
5. モデルセルで生産された製品の不良率はライン生産時より低いか？	○
6. 2〜3年で退職している従業員はいないか？	○
7. 専門知識・技術を教えられる人が必要数いるか？	○
8. 生産管理〜発注〜納品のシステムを総見直しして、大きな障害はないか？	○
9. 顧客と部品メーカー・外注先との連携はとれているか	
該当の○印の数	6個

9個すべて○印にならないとセル生産方式の導入は先送りする

13 情報を読み取る力を高めたい

検索

➡ **情報リテラシー**
アメリカ図書館協会

アメリカ図書館協会：1876年に設立され、情報リテラシーを1989年に発表し、世界中に普及しています。

➡ **見える化**
遠藤功

遠藤功：現在ローランド・ベルガー社の会長です。2004年刊行の『見える化』は、ベストセラーになりました。

[適用業種] 全業種　　[おすすめ度] ★★★

1 問題や悩みのポイント

情報があまりにありすぎて使えない

　あなたは、さまざまな情報を使いこなせていますか。多くの人は、この点に苦労しています。その背景には、最近のめざましい情報技術の進展によって、情報量が飛躍的に増えていることがあります。情報氾濫の時代に直面して、情報が効果的に使えないという問題や悩みは、急増しています。
「どの情報を使えばよいのかわからない」という人は、情報があまりに多いために選択できないと悩んでいることになります。「正しい情報がどれかわからない」「人によって言うことが違う」などは、その情報が本当に信頼できるかどうかを吟味しにくいことから悩んでいるのです。これらはすべて、情報を読んで利用する、情報リテラシー（Information Literacy）に関する悩みといえます。

2 問題を解決する戦略・戦術

情報共有化をすすめ、問題解決力を高める

　200ページのような情報に関する悩みの解決に役立つのが、情報リテラシーと「見える化」です。

　経営に関与する個人・チーム・部門・経営陣が、自律的に問題を解決するための理論です。

　情報リテラシーは、1989年にアメリカ図書館協会が発表したもので、世界中に普及しています（203ページ参照）。本来は、図書館にある蔵書やデータを効率よく検索し、利用していくために考えられた理論です。

　情報リテラシーの定義は、「情報が必要なときにそれを認識し、必要な情報を効果的に見つけ、評価し、利用する能力」です。

　情報技術が飛躍的に進歩し、世界情勢が経営に影響をおよぼす今の時代だけに、その重要性がクローズアップされています。

　この情報リテラシーを、経営活動に応用できるように具体的な手法にしたのが、遠藤功氏が提唱した「見える化」です。単に、企業活動に付随する問題を見える形にすることに止まらず、情報の共有化をすすめ、スタッフ一人ひとりの協力で会社の問題解決力を高めるという狙いがあります。

「見える化」には、5つのカテゴリー（分類）があります。問題の見える化を中心として、状況・経営・顧客・知恵の見える化を配置する分類です。つまり、経営の日々の活動で、情報を活用していくための手法なのです。

第Ⅱ部　第2章　組織の機能を強化する戦略・戦術

3 理論の利点と欠点

すっきりと情報を分類できるが、全情報の整理は困難

　情報リテラシーを的確にとらえたことは、アメリカ図書館協会の定義の利点です。情報と向き合う大切さをあらためて強調し、経営への新しい手法を開発していく必要性に気づかせてくれたからです。

　しかし、経営に役立てるには、あまりに漠然としており、この欠点が実際に利用するときも表面化します。

　そこで、経営に使うときにどうやって情報リテラシーを高めるかという難題を解決してくれたのが、「見える化」です。

　経営に関連する情報でやっかいなのは、規模・業種・業態・競合相手・事業展開地域などで情報が大きく異なることです。さらに、担当部門ごとでも種類・質・量が違ってきます。

　これだけばらばらの情報を、「見える化」は5つのカテゴリーに分類しました。すっきりと5つに分類することで、情報の活用が事業にとって、いかに有効な手段であるかを一般に広めました。

　しかし、膨大な量の情報を、すべて「見える化」するのは困難です。会社・部門・担当者ごとの知恵と工夫が求められる、これが、「見える化」の欠点といえます。

「見える化」を利用するときは、担当者は実務を分析し、業務のプロセスを明確にしなくてはなりません。業務プロセスを円滑にすすめるには、どんな情報が必要で、誰に加工した情報を提供すればいいかを把握すると同時に、その成果をあらゆる視点から洗い直すことが重要です。

情報リテラシーと「見える化」

情報リテラシー

アメリカ図書館協会の定義（1989年）

- 情報が必要なときそれを認識し、必要な情報を効果的に見つけ、評価し、利用する能力

※「Presidental Committee on Information Literacy Final Report」より

漠然としすぎている

見える化

A. 問題を見えるようにする
B. 状況を見えるようにする
C. 顧客が見えるようにする
D. 知恵が見えるようにする
E. 経営が見えるようにする

個人
チーム
部門
経営陣が
自律的に問題を解決できるようにすることが目的

これらは 進捗や異常が見えるようにしなければいけない

第Ⅱ部 第2章 組織の機能を強化する戦略・戦術

4 使いこなし方

見えた問題の原因を解明し、必要な対策を打つ

「見える化」の5つのカテゴリーのうち、「問題を見えるようにする」の事例で手順を見ていきます（205ページ参照）。

ステップ1 問題発見です。現場の問題・悩み・異常を見つけます。

　異常は、なんらかの基準値を越えたときに感じられますが、関係者全員が見つけているわけではありません。

ステップ2 見える化です。見つけた問題・悩み・異常を、関係者全員に知らせて「見える」ようにします。見える化するため、問題などに対する声を具体的に図表化したり、データとして収集することが必要になります。そうした声があって、はじめて皆がわかるようにできるのです。顧客や取引先にアンケート調査して、隠れていた問題を浮きあがらせることも必要です。

ステップ3 問題解決です。問題や悩みを知らされた人全員で、知恵を出し合って対策を立て、問題解決に取り組みます。対策の前に、問題・悩み・異常が起きた原因を解明して、主要な原因の対策を考えます。対策する規模は、個人・チーム・部門・会社のレベルがあります。

ステップ4 効果の確認です。対策を実施した効果を実際に確認して、本当に解決できたのかどうかを確認します。効果が十分でなければ、対策を追加して実施します。効果があったと確認できれば、同じ要領で次の問題・悩み・異常の発見と解決に移ります。

「見える化」で効果をあげる手順

ステップ1　問題発見

現場での問題・悩み・異常を見つける
（例）顧客から不満を言われる回数が多い

⬇

ステップ2　見える化

見つけた問題・悩み・異常を関係する人全員に知らせ、「見える」ようにする
（例）不満が多い製品と理由について集計し棒グラフに記入する

⬇

ステップ3　問題解決

問題や悩みを知らされた人全員で知恵を出し合い、協力して対策を立て、問題解決に取り組む
（例）不満を解消する対策を立てて実施する
　　　（原材料の変更、人数の変更　など）

⬇

ステップ4　効果の確認

対策実施後の効果を確認し、実際に解決したのかを確認する
（例）不満が寄せられる件数を把握するとともに、該当製品の売上数量の伸び率で確認する

5 ワークシートの書き方

顧客と自社の評価のギャップに着目する

　顧客に製品を売り込むときにどんな提案をすればいいかについて、顧客と自社営業担当の評価比較を例に説明していきます（207ページ参照）。

アンケートの評価項目——定期的に売込みをした新規・既存の顧客を訪問して、アンケートをとる項目を決めます。問題がありそうな項目、または実際にクレームが発生している項目を選びます。

顧客と自社の評価——選んだ項目を、自社の営業担当が顧客別に評価しておきます。さらに、違う担当が顧客を訪問して、同じ項目を窓口担当から評価してもらいます。聞く人は必ず別にしないと、正確な評価がえられません。

図示する——アンケートの結果を図表のように記入します。
　項目ごとに見て、自社営業担当と顧客との評価に大きな開き（ギャップ）がある項目に着目します。このギャップが、失注（とれるはずの注文を逃すこと）の原因です。事例では、提案の具体性・実現性・効果にギャップがあり、大きな失注の原因であることを示しています。ここでは、ギャップのある項目を見つけることで、失注の本当の原因を特定することが大切なのです。

　原因がわかれば、次に対策を立てます。対策は、予算時の目標にすることも考えながら、個人別・チーム別・部門別などにきめ細かく立てます。各目標の達成が、業績と連動させられることが大切です。

● 巻末ワークシート㉓

顧客と自社の評価比較ワークシート記入例

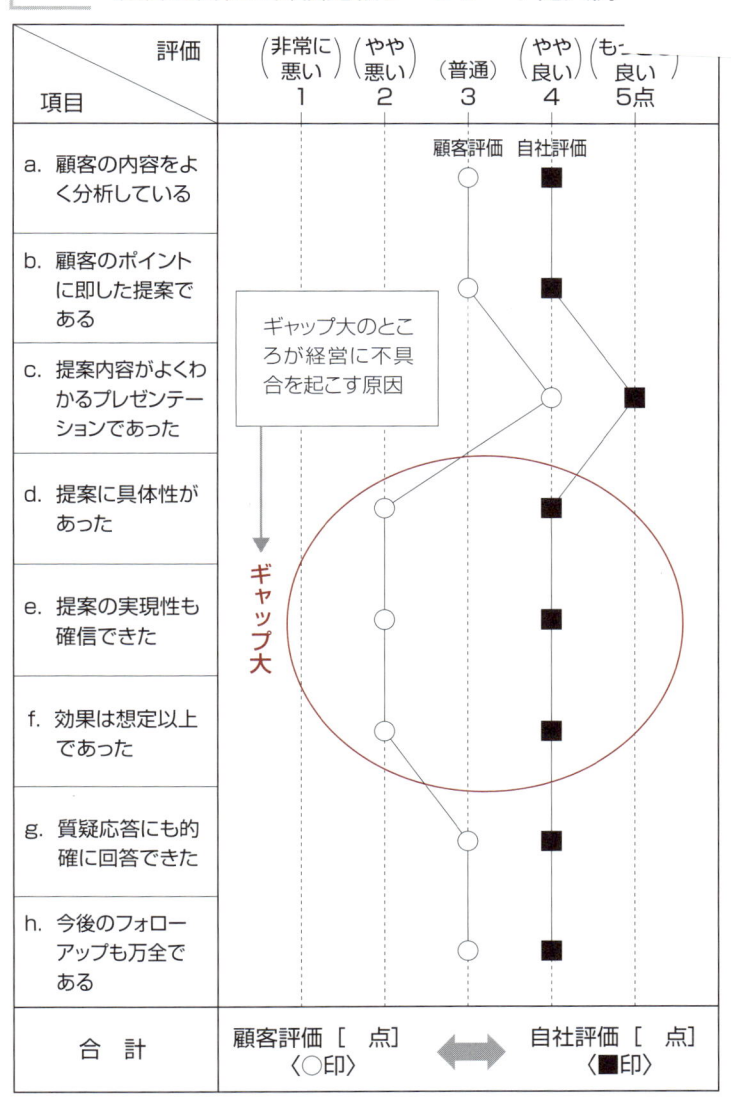

項目＼評価	(非常に悪い) 1	(やや悪い) 2	(普通) 3	(やや良い) 4	(もっとも良い) 5点
a. 顧客の内容をよく分析している			顧客評価 ○	自社評価 ■	
b. 顧客のポイントに即した提案である				○ ■	
c. 提案内容がよくわかるプレゼンテーションであった				○	■
d. 提案に具体性があった		○		■	
e. 提案の実現性も確信できた		○		■	
f. 効果は想定以上であった		○		■	
g. 質疑応答にも的確に回答できた				○ ■	
h. 今後のフォローアップも万全である				○ ■	
合 計	顧客評価 [点] 〈○印〉		↔	自社評価 [点] 〈■印〉	

ギャップ大のところが経営に不具合を起こす原因

ギャップ大

※評価の合計よりも、ギャップの大きい「項目」に注目してギャップを埋める対策を考える。

第Ⅱ部 部門の問題や悩みを解決する戦略・戦術

第Ⅱ部 第2章 組織の機能を強化する戦略・戦術

✢ 戦略・戦術のサプリメント④ ✢
自社の実力は挑戦してこそわかる

● 一番わからないのは自社の真の力

　世の中で一番わからないのは、自分の実力です。実力が試される場面では、本当にできるのか、どこまでできるだろうか、などの疑問が付きまといます。

　この状態は、自社にもいえます。内部環境を分析すると、競合他社との力の差を測りかねてしまいます。顧客ニーズもつかめないケースだって珍しくありません。このように、頭の中でさまざまな比較・評価をしただけでは、本当の自社の実力を知ることはできません。

● 挑戦すれば自ずとわかる

　自社の実力を知るには、体力テストを受けるように、実際に挑戦してみることがもっともよい方法です。挑戦する場合は、自社の実力の1.2倍が挑戦しやすいレベルといわれています。一度、試してください。

　ただし、挑戦するレベルは、目標をどれだけ達成できたかという試みを重ねてはじめてわかるものです。

　頭で考えただけでは、レベルが決まりません。まずは行動することが大切なのです。

巻末資料

ワークシート・参考資料

〔資料1〕
✏️ ワークシートの活用法
実際に、問題・悩みを解決するために記入するシートです。パソコンでダウンロード、またはコピーして使用します。該当項目の④使いこなし方、⑤ワークシートの書き方を見ながら活用してください。

〔資料2〕
📖 本書で未紹介の戦略・戦術一覧表の活用法
目次に問題・悩みが見つからないときに、この一覧表から探します。参考図書もあげているので、それを読んでみてください。

〔資料3〕
🔍 索引の活用法
問題や悩みを解決する戦略・戦術がすでにわかっているという場合は、こちらの索引で戦略・戦術名から探すことができます。

[ダウンロード]マークがついているシートはご自分のパソコンからダウンロードできますので、ご活用ください。戦略・戦術を具体的に進めるうえでやるべきこと、問題点が浮き彫りになります。ネット書籍サービスの詳細については最終ページをご覧ください。

巻末資料1

ダウンロード [ワークシート ①] 自社の発展段階の判定と経営課題克服策の点検のワークシート

〈発展段階の判定〉　　　　　　　　　　　　　　　　　　　　　〈判定〉

Ⅰ 量的拡大	単一事業で特定地域での販売中心	
Ⅱ 地域拡張	単一事業で他地域へ進出	
Ⅲ 垂直統合	事業の川上または川下に参入	
Ⅳ 多角化	事業を複数展開	

判定⇒該当欄に○印をしてください

〈経営課題克服策の点検〉

発展段階	経営課題克服策	実施状況 済み	実施状況 成果あり
Ⅰ	新販路開拓のチームをつくり、計画した新販路にアプローチさせる		
Ⅰ	多能工化と多工程持ちを促進し、生産性をあげる		
Ⅰ	売掛金管理を徹底し、100％回収をめざす		
Ⅱ	各担当地域の実情に応じた販売活動を計画し、毎年販売シェアアップをめざす		
Ⅱ	各担当地域の大口顧客から電子発注を受け、欠品なく納品する		
Ⅱ	各販売・生産拠点の効率・コスト・課題をリアルタイムで本社・本部が把握する		
Ⅲ	販売部門が独自に販売効率と販売シェアを高める計画立案・実行を可能にする		
Ⅲ	生産部門が独自に競合他社をしのぐ高品質・低コストの製品を作れる生産体制を立案・実行できるようにする		
Ⅲ	上記ライン部門の活動を効果的に支援できるスタッフ部門を設けていく		
Ⅳ	事業のくくり方は、製品特性・市場特性・競争状況に応じて最適にする		
Ⅳ	収益への責任とそれに応じた権限を与えていく		
Ⅳ	事業部門と事業部長の業績評価制度をつくり、活動を全体最適にするように配慮する		

〔資料1〕ワークシート

[ワークシート ②] SWOT分析のワークシート

		機会			脅威		
		マクロ	業界	市場	マクロ	業界	市場
強み	製品・サービス						
	インターフェイス						
	組織						
弱み	製品・サービス						
	インターフェイス						
	組織						

巻末資料3

[ワークシート ③] ポジショニングに使うワークシート

4P		ドル箱市場	個人事業主				
			ライバルとの比較				
			ライバル優位	ライバル見逃し	同等	自社優位	自社見逃し
1P「プロダクト」(製品・サービス)	ブランド						
	品揃え						
	品質						
	機能						
	デザイン						
2P「プライス」(価格)	希望小売価格						
	実勢価格						
	採算価格						
3P「プレイス」(販売チャネル)	間接販売	大型店チェーン店					
		文房具店					
	通信販売						
	直接販売						
4P「プロモーション」(販売促進)	マスメディア						
	店内販促						
	パーソナルメディア						

巻末資料 〔資料1〕ワークシート

巻末資料4

[ワークシート ④] 参入事業選定のワークシート

評価項目			判定 良い(1点)	悪い(0点)	点数
うまみ度（魅力度）	顧客	市場規模	十分ある（　億円）	ない	
		今後5年間年平均成長率	高い（　％以上）	低い	
	新規参入者の数		少ない（　社以下）	多い	
	代替品の数		なし	ある	
	サプライヤーとの力関係		弱い	強い	
	競合状況		撤退企業少ない	多い	
	収益率		高い（　％以上）	低い	
	うまみ度の小計		点	—	点
難易度（実現度）	経営理念の適合		即している	いない	
	タイミング		成長前期	その他	
	経営資源	必要な専門家の数	十分いる（調達可）	いない（調達難）	
		必要な資金ⓐ	調達可能	難しい	
	自社の展開力		ある	なし	
	リスク	資金上ⓑ	軽い	負担以上	
		経営上	小さい（　）	大きい（　）	
	既存事業のメリット		大きい（ある）	小さい（なし）	
	難易度の小計		点	—	点
合計			15点満点中の11点以上合格	ただし、ⓐⓑ0点は不合格	

[ワークシート ⑤] 自社とライバルの比較で使うワークシート

実力・実態		ライバル/自社 の比率	≦0.8	0.8< <1.2	1.2≦
			自社の強み	同　等	ライバルの強み
実力	売上高				
	損益分岐点				
	投資額				
	直近3カ年の新製品の数				
	特許数				
実態	格付け				
	上位シェア製品の数				
	新製品の開発期間				
	主力販売チャネルの数				
	製品クレーム件数				
該当項目数			/10	/10	/10

〔資料1〕ワークシート

巻末資料6

[ワークシート ⑥]「優れた点の抽出」のワークシート

〈見込生産方式〉

区分	評価項目	評　価			点数
		Aランク（1点）	Bランク（0.5点）	Cランク（0.2点）	
生産管理	①過去6カ月の生産量は、生産能力の何%か	90%以上100%以下	70%以上90%未満	70%未満	点
	②生産計画の単位と変更率はどれだけか	週または旬単位で変更率20%以下	週または旬単位で20%超30%以下あるいは月単位で30%以下	月単位で30%超	点
工程管理	③工程ごとの生産予定はいつ確定するのか	2日以上前に確定する	前日までに確定する	当日にならないと確定しない	点
	④工程での改善活動は盛んか（工場従業員10人当たり）	月平均10件以上（1工場）改善実施	月平均5件以上10件未満	月平均5件未満	点
在庫管理	⑤月平均販売額の何カ月在庫をもっているか	0.5カ月以下	0.5カ月超1カ月未満	1カ月以上	点
	⑥在庫品目のアドレス（置き場所）は決められているか	すべてアドレスが決められている	80%以上の品目が決められている	80%未満の品目しか決められていない	点
購買管理	⑦発注先の選定基準は明確に守られているか	明確な選定基準があり、100%徹底している	明確な選定基準はあるが、例外処理が多い	明確な選定基準がない	点
	⑧競争入札や合見積もりを徹底しているか	特別な技術によるもの以外は徹底している	資本関係のある業者以外は徹底している	競争入札や合見積もりは数少ない	点
外注管理	⑨生産性とコストを十分に検討して内外作区分を決めているか	生産性とコストによる内外作区分が明確にされている	生産能力のオーバー分を外注に委託している	従来の慣習で外注に委託している	点
	⑩毎年外注先の入替えを実施しているか（1工場当たり）	毎年3社以上入れ替えている	毎年2社しか入れ替えていない	数年に1社以下しか入れ替えていない	点
品質管理	⑪ISO9000S、HACCPの認証を取得しているか	認証を取得している	認証取得の申請中である	認証取得を考えていない	点
	⑫品質クレームはどれだけあるか	過去1年間で1件またはゼロである	過去1年間で2〜3件ある	過去1年間で4件以上ある	点
原価管理	⑬原価管理制度はつくられ的確に運用されているか	ABC制度がつくられ的確に運用されている	標準原価制度がつくられ的確に運用されている	原価管理制度はなし、または形骸化している	点
	⑭分析に基づきコスト削減は進められているか	過去1年間で30%以上コスト削減	過去1年間で15%以上30%未満コスト削減	過去1年間で15%未満コスト削減	点
環境対策	⑮リサイクルや廃棄物の利用をすすめているか	対策を立てて着実にすすめている	対策を検討中である	具体的に対策を考えていない	点
小　　計		①＋〜＋⑮＝15点満点			点

巻末資料7

[ワークシート ⑦] リスク管理体制のワークシート

専門部門の体制

専門部門名 [　　　　　　]

- 部門長　　　　　：
- グループ・リーダー：
- チームリーダー　：
- スタッフ　　　　：

監査チーム名〈　　　　　　〉

- チームリーダー　：
  (社外専門家)
- チーフ　　　　　：
- スタッフ　　　　：

専門委員会の体制

専門委員会名 [　　　　　　]

- 委員長　　　　　：
- 副委員長　　　　：
- 部門委員　　　　：

- グループ企業委員：
- 事務局委員　　　：

監査チーム名〈　　　　　　〉

- チームリーダー　：
  (社外専門家)
- チーフ　　　　　：
- スタッフ　　　　：

〔資料1〕ワークシート

巻末資料8

[ワークシート ⑧]「両論併記のデシジョンツリー」のワークシート

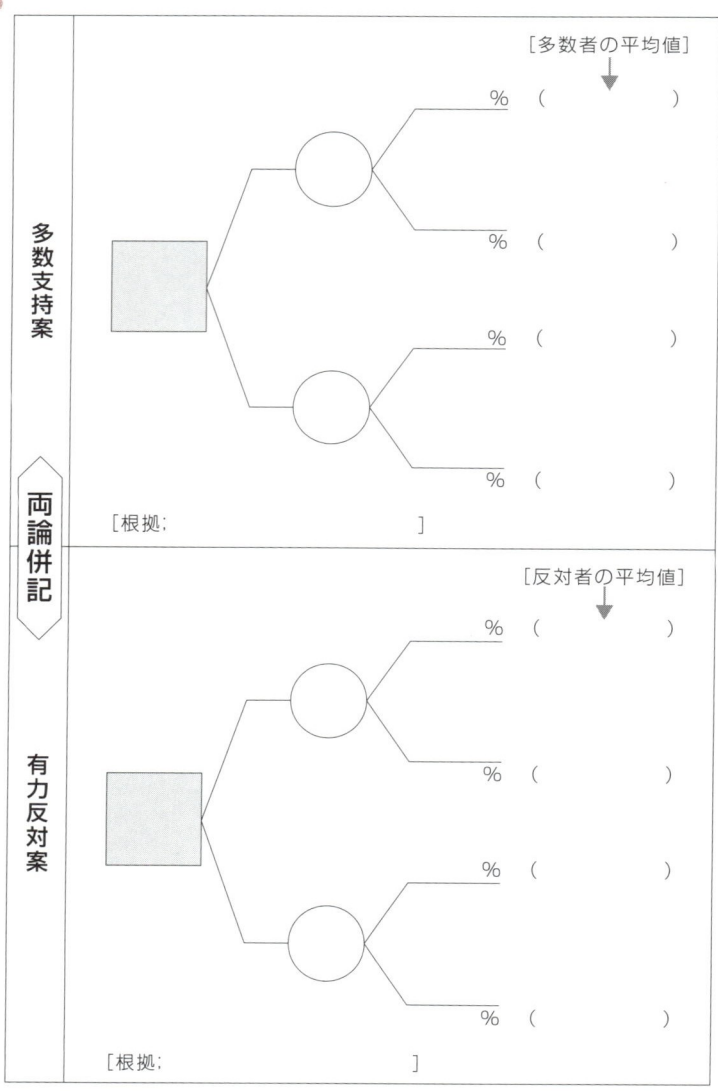

多数支持案

[多数者の平均値]

％ (　　　　　)

％ (　　　　　)

％ (　　　　　)

％ (　　　　　)

[根拠;　　　　　　　　]

両論併記

有力反対案

[反対者の平均値]

％ (　　　　　)

％ (　　　　　)

％ (　　　　　)

％ (　　　　　)

[根拠;　　　　　　　　]

巻末資料9

[ワークシート ⑨] キャリアアップのワークシート

ダウンロード

1			
職　種 _____ クラス _____ 氏　名 _____	(スタート時　歳) ➡ (現在　歳) ➡ □		自己評価 □ 適性度 □ 本人の意向 □

2		3	現在担当している職務について自己評価してください。
現在担当している職務内容	①現在あなたが担当している職務内容を具体的に記入してください。 ②現在の職務を担当してどのくらいになりますか。 　　　　　　　　　　　年	現在の仕事の自己評価	難易度　A─B─C─D─E 仕事の量　A─B─C─D─E 性　格　A─B─C─D─E 能　力　A─B─C─D─E 興　味　A─B─C─D─E 自己評価の総合判断　A─B─C─D─E─F

3	総合判断	最適	適している	普通	あまり適していない	不適	わからない
職務適性	(自己)	A	B	C	D	E	F
	(上司)	A	B	C	D	E	F

4	
本人の意向 (翌期に向けて)	①現職務を続けたい ②評価に不満があるか 　A.ない　　B.ある　⇒　理由 [　　　] ③キャリアパスを変えたいか 　A.現状のまま　B.変えたい⇒　希望 [　　　] 　　　　　　　　　　　　　　　　　理由

〔資料1〕ワークシート

巻末資料10

[ワークシート ⑩] 個人別目標管理のワークシート

期間____ 所属____ 氏名____ 等級____		目標内容				評　価	
		目　標	指　標	ターゲット	ウエイト	実　績	達成度(%)
Ⓐ 学習と成長の視点	1						
	2						
Ⓑ 社内ビジネスプロセスの視点	1						
	2						
Ⓒ 顧客の視点	1						
	2						
Ⓓ 財務の視点	1						
	2						
		ウエイト×達成度＝ポイント数					

[ワークシート ⑪] 事業の3定義と現実とのズレを発見するワークシート

3定義の項目		事業の当初 (または改訂版の定義)	現　実	ズレ	
				大	中
環境としての市場	顧客の価値観と行動				
	競合企業の価値観と行動				
事業の目的と使命	目的				
	使命				
事業の強みと弱み	強み				
	弱み				

巻末資料12

[ワークシート ⑫] ビジネスモデル再設計のワークシート

比較項目		□現状			○再設計後	
ビジネスモデル						
参入企業または業種						
狙う顧客層						
評　価		5	4	3	2	1
顧客課題の解決度	低コスト調達一括購入					
	取引の利便性スポット購入					
	ライフスタイルに合った商品の購入					
ビジネスモデルの先端度						
ビジネスモデルの制約条件						
競合格差	品揃え					
	注文手段の多様性					
	価格競争力					
	ローコスト・オペレーション					
合　計				点		点

巻末資料 13

[ワークシート ⑬] 水平型多角化戦略のワークシート

製品（技術） ＼ 市場	新規市場名（　　　　　　　　　　）			
新規				

○＝導入可、△＝導入やや難しい、×＝導入難

[ワークシート ⑭] 弱みの研究と新たな価値発見のワークシート

分析・発見「不」の項目	製品・サービス名 [　　　]	新たな価値	提供できる利便性やライフスタイル
不満			
不便			
不自由			
不快			
不利			

巻末資料 15

ダウンロード [ワークシート ⑮] 戦略キャンパスのワークシート

対象市場「　　」

高 ↕ 低

水準

競争要因

〔資料1〕ワークシート

225

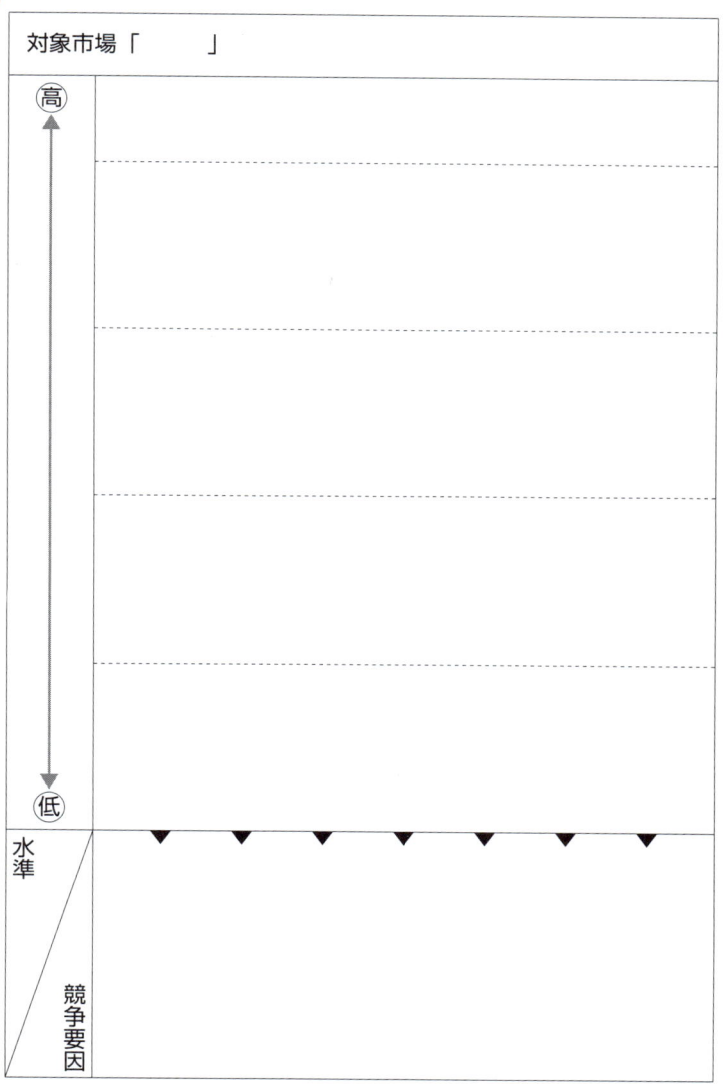

[ワークシート ⑯] 勝てる細分化市場を特定するワークシート

細分化市場		市場シェア格差	地域名 [　　　　　　　　　　　　　　　　　]			
			市場シェア格差 （ライバルの市場シェア / 自社の市場シェア）			
			0.5 （自社強い）	1.0 （同等）	1.5	2.0 （ライバル強い）
顧客別	男性	20代				
		30代				
		40代				
		50代				
		60代以上				
	女性	20代				
		30代				
		40代				
		50代				
		60代以上				
販売チャネル別	間接販売					
	直販	インターネット				
		直売店				

巻末資料 17

ダウンロード [ワークシート ⑰] 自社戦略の修正ワークシート

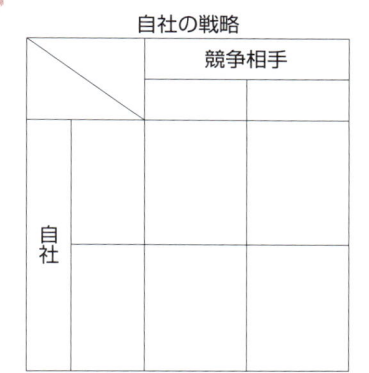

| 自社の戦略 | 競争相手の戦略予測 |

	競争相手				競争相手	
自社				自社		

ナッシュ均衡となると

↓

自社戦略の大幅修正

自社戦略の転換

巻末資料 〔資料1〕ワークシート

巻末資料 18

ダウンロード [ワークシート ⑱] ロングテール対象商品判定ワークシート

	高 ↑ 品揃え効果	対象商品
← 劣化	商 品 価 値	持続 →
	品揃え効果 ↓ 低	

[ワークシート ⑲] 自社の組織能力判定ワークシート

業種			中核業務プロセス	
10年の付加価値の水準			（業界の上位3位以内のみ対象とする）	
点検項目		YES（確実に肯定できる）	NO（一部でも否定できる）	YESのみ1点
経営スタンスと実行力	短期的利益より長期的利益をとる			点
	社内事情より顧客の信用を大切にする			点
	過去10年間で不祥事は起こしていない			点
中核業務プロセス				点
				点
				点
				点
				点
				点
	他社にない独自のものをもっている			点
支援システム	リーダーを育成している			点
	パートナーを育成している			点
	あらゆる選択肢を検討して決定する			点
	問題を見えるようにしている			点
	現場の発案を十分に活用している			点
合　　計		15点満点中12点以上が組織能力「あり」と判定できる		点

巻末資料20

ダウンロード [ワークシート ⑳] VE検討案比較ワークシート

対象製品（　　　）	プロジェクト名 [　　　　　　　　]					年　　月　　日			
	現状コスト ①	改善後コスト ②	低減額 ①−②	低減率 $\frac{①−②}{①}\times 100$	年間適用可能数量	年間推定低減額	必要費用	年間正味低減額
第一検討案	a、				%	千個	千円	千円	千円
	b、								
	c、								
	d、								
	e、								
	f、								
	計								
第二検討案	a、								
	b、								
	c、								
	d、								
	e、								
	f、								
	g、								
	計								

[ワークシート ㉑] 制約条件発見ワークシート

ボトルネック工程名			該当か否か (該当○印)
段取時間	必要な機械がすぐに製造できるか？		
	必要な人数を配置しているか？		
	必要な部品・原料・仕掛品は必要量あるか？		
工程作業時間	加工処理に不要な時間を要していないか？		
	機械の故障・不具合は多いか？		
	操作に専門知識・スキルをもつ人が現場を離れていないか？		
	作業での不良は発生していないか？		
工程待ち時間	前工程から仕掛品がくるのを待つことはないか？		
	前工程から搬送されてくるのに時間を要していないか？		
	前工程で不良品の発生やトラブルは多くないか？		
部品不揃いでの待ち時間	納品業者が指定時間に遅れてこないか？		
	生産計画のミスで部品数が不足していないか？		
	発注ミスで部品数が不足していないか？		

[ワークシート ㉒] セル生産方式導入の点検ワークシート

項　　目	該当か否か (該当○印)	
1.　モデルセルを設けるスペースはあるか?		
2.　全工程または相当部分の工程を担当できる作業者は必要数いるか?		
3.　作業者を多能工化するまでの時間が工程変更に間に合うか?		
4.　モデルセルでの生産で、作業者による生産数量は1.5倍の範囲内か?		
5.　モデルセルで生産された製品の不良率はライン生産時より低いか?		
6.　2～3年で退職している従業者はいないか?		
7.　専門知識・技術を教えられる人が必要数いるか?		
8.　生産管理～発注～納品のシステムを総見直しして、大きな障害はないか?		
9.　顧客と部品メーカー・外注先との連携はとれているか		
該当の○印の数		個

9個すべて○印にならないとセル生産方式の導入は先送りする

[ワークシート ㉓] 顧客と自社の評価比較ワークシート

項目 \ 評価	(非常に悪い) 1	(やや悪い) 2	(普通) 3	(やや良い) 4	(もっとも良い) 5点
a. 顧客の内容をよく分析している					
b. 顧客のポイントに即した提案である					
c. 提案内容がよくわかるプレゼンテーションであった					
d. 提案に具体性があった					
e. 提案の実現性も確信できた					
f. 効果は想定以上であった					
g. 質疑応答にも的確に回答できた					
h. 今後のフォローアップも万全である					
合 計	顧客評価 [　点]〈○印〉		⇔	自社評価 [　点]〈■印〉	

本書で未紹介の戦略・戦術一覧表①

区分	問題や悩み	戦略・戦術の理論と代表的な参考図書	理論の内容	提唱者
グループ・会社全体	今後の事態をわかりやすく予測できないか？	シナリオ・プランニング 『超大国日本の挑戦』 『2000年』	物語で未来を予測する	ハーマン・カーン（ハドソン研究所）
	現場の自主的な判断で迅速に対応したい	エンパワーメント（分権化） 『被抑圧者の教育学』	自立性を促がし支援していく	パウロ・フレイレ
	組織の学習能力を高められないか？	学習する組織 『最強組織の法則』	5つの規律で高める	ピーター・センゲ
	全製品・サービスの品質と業務品質を飛躍的に高められないか？	シックス・シグマ 『シックス・シグマ』	100万分の3.4をめざす	ゼネラル・エレクトリック社
	利益を生み出す経営体質に変えられないか？	キャッシュフロー経営 『キャッシュフロー経営入門』		
		EVA（経済的付加価値） 『富を創造するEVA経営』	株主価値の最大化をめざす	アメリカのスターン・スチュアート社

※ EVA®はアメリカのスターン・スチュアート社の登録商標です。
注）上記の参考図書は必ずしも提唱者の著作とは限りません。

本書で未紹介の戦略・戦術一覧表②

区分	問題や悩み	戦略・戦術の理論と代表的な参考図書	理論の内容	提唱者
グループ・会社全体	会社を長期的に発展させたい	ビジョナリー・カンパニー（ビジョン主導経営）『ビジョナリー・カンパニー』	輝く存在であり続ける	ジェームズ・C・コリンズ
	投資家から資金を集めて海外に出て行きたい	グローバル・スタンダードの導入（企業統治、国際会計基準）『2001年、日本は必ずよみがえる』	世界に通用する無国籍企業をつくる	グレン・S・フクシマ
	強いグループに再編成したい	M&A（合併・買収）『M&Aの進め方』	ダイナミックに企業の事業を組み換える	1970年代のアメリカ
		企業分割『ここまでできる事業再編』『最新 事業再編と新事業戦略がよ〜くわかる本』		
	ブランドやパテントを戦略的に活用したい	知的資本経営『知的資本経営の真髄』	知的資本を活用して成長に貢献させる	スカンディア保険

〔資料2〕未紹介の戦略・戦術一覧表

本書で未紹介の戦略・戦術一覧表③

区分	問題や悩み	戦略・戦術の理論と代表的な参考図書	理論の内容	提唱者
グループ・会社全体	強い企業体質をつくりたい	アメーバ組織 『アメーバ経営』	会社全体を考えて動く小集団をつくる	稲盛和夫
事業部門	一人勝ちをする手はあるのか？	ネットワーク外部性 『京様式経営モジュール化戦略』	ユーザーが多いほど、利用価値を高める	アルフレッド・マーシャル
	スタッフのやる気を引き出したい	コーチング 『『コーチング』で部下とのコミュニケーションがとれる本』 『上司の一言コーチング』	個人の能力を引き出し、目標達成に導く	R・ウィットワース
	重要でない業務を効率化できないか？	アウトソーシング(外部委託) 『企業変革のアウトソーシングBTO』 『価格創造型アウトソーシングビジネスをリードする注目企業32社』	自社の特定機能を外部に委託する	アメリカのユダック社(1989年)

本書で未紹介の戦略・戦術一覧表④

区分	問題や悩み	戦略・戦術の理論と代表的な参考図書	理論の内容	提唱者
事業部門	優れた方法を取り入れて抜本的に革新できないか？	ベンチマーキング 『戦略的ベンチマーキング』 『ベンチマーキング 最強の組織を創るプロジェクト』	ベストなやり方を学ぶ	ロバート・C・キャンプ
	小売店舗の売上を向上させられないか？	単品管理 『単品管理入門』 『単品管理と品揃え改善』	機会ロス・廃棄ロスを減らす	鈴木敏文
	顧客を自社の固定客にできないか？	CRM（顧客との関係性を強化する手法） 『CRMの構築と実践』 『CRM戦略のノウハウ・ドゥハウ』	顧客の便益と自社の利益を高める	1990年代前半のアメリカ
	自社と製品の認知度を高められないか？	ブランド・エクイティ(ブランド資産) 『ブランド・エクイティ戦略』	ブランドの資産価値を高める	デービッド・A・アーカー
	業務プロセスを抜本的に見直せないか？	ビジネス・プロセス・リエンジニアリング 『リエンジニアリング革命』	情報技術を活用した業務再構築	M・ハマーとJ・チャンピー

本書で未紹介の戦略・戦術一覧表⑤

区分	問題や悩み	戦略・戦術の理論と代表的な参考図書	理論の内容	提唱者
機能部門	効果の高い原価改善法はないか？	ABCM（活動基準原価管理）『図解ABC/ABM』『日本型ABCマネジメント』	活動ごとの原価情報で、プロセスのムダをなくす	1980年代後半のアメリカ
	各部門の業務を統合し、業務効率を上げられないか？	ERP（業務システムの統合管理）	経営資源を最適に配分・配置する	ガートナー・グループ（1990年代）
	製品・サービスのクレームをなくせないか？	TQM（総合品質管理）『TQM品質管理入門』	会社全体で品質向上に取り組む	1980年代のアメリカ
	同じミスのくり返しを防止できないか？	失敗学『失敗学のすすめ』	悪循環を断ち、失敗を回避する	畑中洋太郎
	読みにくい販売予測や技術予測を的確にしたい	デルファイ法『技術予測論』	多くの専門家の予測力を活用する	ランドコーポレーション
	地域ごとのシェアを高めたい	エリアマーケティング『エリアマーケティングの実際』	地域特性を把握し、最適な攻め方を示す	1960年代以降のアメリカ

戦略・戦術から引く —— 索　引

※ゴシック体は、本書で紹介しているものです。
明朝体は〔資料2〕で扱っているものです。

[● 英　文 ●]

ABC 分析 ……………………158
　ABCM（活動基準原価管理）
　　………………………………238
　CRM（顧客との関係性を強
　　化する手法）……………237
　ERP（業務システムの統合管
　　理）……………………………238
　EVA（経済的付加価値）
　　………………………………234
　M&A（合併・買収）………235
SWOT 分析……………………24
　TQM（総合品質管理）……238
TOC ……………………………184
**VE（バリュー・エンジニアリン
　グ：価値工学）**……………176

[● あ　行 ●]

　アウトソーシング（外部委
　　託）……………………………236
　アメーバ組織………………236
**5つのイノベーション（創造的
　破壊）**…………………………126
　エリアマーケティング
　　………………………………238
　エンパワーメント（分権化）
　　………………………………234

[● か　行 ●]

会社の成長段階と問題……16
合従連衡の策…………………56
　学習する組織………………234
カンバンシステム…………184
　企業分割……………………235
　キャッシュフロー経営
　　………………………………234
グループシンクの回避……74
　グローバル・スタンダードの
　　導入（企業統治、国際会計
　　基準）………………………235
　コーチング…………………236

[● さ　行 ●]

事業の3定義と現実とのズレ
　　………………………………102
　シックス・シグマ………234
　失敗学………………………238
シナジー………………………118

シナリオ・プランニング
　………………………234
従業員満足度 ………………82
囚人のジレンマ(ゲーム理論)
　………………………150
情報リテラシー ……………200
セル生産方式 ………………192
戦力の集中 …………………32
相互学習サイクル …………56
成長マトリックス …………118
成長を促す仕組み …………82
総力戦 ………………………48
組織能力 ……………………166

[●た　行●]

戦う前に勝つ ………………48
　単品管理 …………………237
　知的資本経営 ……………235
チャレンジャーの戦略 ……32
デコンストラクション ……110
ディシジョンツリー ………74
　デルファイ法 ……………238

[●な　行●]

　ネットワーク外部性 ……236
能力構築力 …………………166

[●は　行●]

バランス・スコアカード …90
　ビジネス・プロセス・リエン
　　ジニアリング …………237
ビジネスモデル ……………110
　ビジョナリー・カンパニー
　　(ビジョン主導経営)…235
ファイブ・フォース ………40
　ブランド・エクイティ(ブラ
　　ンド資産) ………………237
ブルー・オーシャン戦略 …134
　ベンチマーキング ………237
ポートフォリオ ……………40

[●ま　行●]

見える化 ……………………200

[●ら　行●]

ランチェスターの法則 ……142
リスクマネジメントと業務継
　続計画 ……………………64
ロングテール戦略 …………158

〔著者紹介〕

丹羽　哲夫（にわ　てつお）

　1948年愛知県生まれ。1971年関西大学法学部卒業。日本能率協会、イトーヨーカ堂を経て、長銀総合研究所主席研究員。2000年5月より経営企画研究所代表となり、現在に至る。建設コスト評価委員会（国土交通省）委員、総務省の研究会委員を務める。専門分野は、経営顧問、戦略経営、流通革新、マーケティング。経営計画策定等の研修を手がける一方で、経営企画スタッフ養成講座の講師も務める。

　著書に、『「戦略的な考え方」がよくわかる本』（中経出版）、『M&Aの進め方成功完全マニュアル』（ぱる出版）、『経営企画部（改訂版）』（日本能率協会マネジメントセンター）など。

●本書は、弊社の「ネット書籍サービス」に対応しています。お客様のライフスタイルにあわせてお楽しみいただけます（詳細は裏面をお読み下さい）。

本書の内容に関するお問い合わせ先
　　中経出版編集部　03(3262)2124

もう悩まない！　逆引きで経営の戦略・戦術がわかる本（検印省略）

2008年6月22日　第1刷発行

著　者　丹羽　哲夫（にわ　てつお）
発行者　杉本　惇

発行所　㈱中経出版　〒102-0083
　　　　　　　　　東京都千代田区麹町3の2　相互麹町第一ビル
　　　　　　　　　電話　03(3262)0371（営業代表）
　　　　　　　　　　　　03(3262)2124（編集代表）
　　　　　　　　　FAX　03(3262)6855　振替　00110-7-86836
　　　　　　　　　ホームページ　http://www.chukei.co.jp/

乱丁本・落丁本はお取替え致します。
DTP／マッドハウス　印刷／新日本印刷　製本／三森製本所

©2008 Tetsuo Niwa, Printed in Japan.
ISBN978-4-8061-3053-6　C2034

本書をご購入いただいたお客様への重要なお知らせ

この書籍は「中経出版ネット書籍サービス」を無料でご利用いただけます。

当サービスのご登録・ご利用は本書のご購入者本人しかできませんので、ご注意下さい。

ネット書籍サービスとは。

「中経出版ネット書籍サービス」とは、お買い求めの本書と同じ内容の電子書籍（弊社ではネット書籍と呼称しています）を、インターネットを通してパソコン上でもお読みいただけるサービスです。特別な場合を除いて、CD付きの書籍はその音声を、DVD付き書籍はその映像もすべてパソコンで視聴できます。**本書を携帯できない場所（国内外出張先、旅行先、職場等）**でも、お手元にインターネットに接続できるパソコンがあればいつでもどこでもご覧いただけます。

あなただけの本棚をご用意します。

「中経出版ネット書籍サービス」にご登録されると、サイト内にあなただけの「マイ本棚」をプレゼントします。今後、弊社刊行の「ネット書籍サービス対応」と記した書籍をご購入いただきますとすべてあなたの「マイ本棚」に収納されます。

中経出版のベストセラーがネットで読める。

弊社では、弊社刊行の好評書籍を順を追ってネット書籍化（ネットエディション版）しています。ご希望のネット書籍が当サービスを通してお求めいただけます（有料）。お求めいただいたネット書籍はあなたの「マイ本棚」でいつでもご覧いただけます。

ご登録・ご利用は無料です！
本書を必ずお手元において下記サイトにアクセスして下さい。

▶▶▶ **https://ssl.chukei.co.jp/nbs/**

中経出版のホームページからもアクセスできます。

ISBN 978-4-8061-3053-6　　登録No. 961c1fG7132

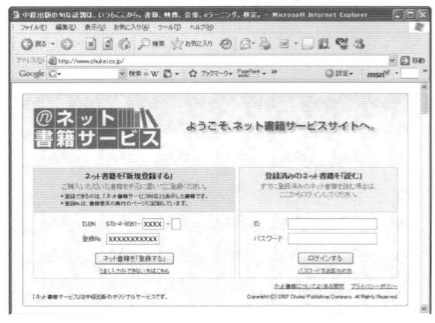

推奨環境
・Microsoft Internet Explorer5.5x以降
・Netscape6以降
・Windows、MacともにFlash Player8.0以上がインストールされていること
・ADSL以上のインターネット接続環境

* 著作権保護の観点から、登録No.は1冊1冊すべて異なります。登録できるのはご購入いただいたお客様ご本人だけです。できるだけお早くご登録下さい。
* 次のような場合には登録できません。
　●中古書店で購入された場合などで、すでに前の所有者が登録されている。●会社で購入された場合などで、すでに会社の購入担当者が登録している。●本書を図書館で借りた。●本書を友人、知人から借りた。●本書を購入していない。などの場合。
* 「中経出版ネット書籍サービス」は、中経出版のオリジナルサービスです。
* 「中経出版ネット書籍サービス」に関するお問い合わせは、メールでお願いします。電話やFAXでのお問い合わせにはお答えできません。

お問合せ先　**netshoseki@chukei.co.jp**